Die Welt erleben

KUBA

Der Son ist *música mulata* – Mulattenmusik, die Verschmelzung von Europa und Afrika in Kuba. Diese Musik ist klingender Rum, mit den Ohren zu trinken.

Nicolás Guillén (1902–1989)

Die Welt erleben

KUBA

Pure Lebensfreude in der Karibik

Pascal Violo
Ulli Langenbrinck

BRUCKMANN

Willkommen auf Kuba

Seite 12/13 *Sanfter Sonnenuntergang am Malecón, der Uferpromenade Havannas.*
Seite 14/15 *Die Sierra de Puril im Osten trennte über Jahrhunderte die erste Hauptstadt Baracoa vom Rest der Insel.*
Seite 16/17 *Am Hauptplatz von Santiago de Cuba, dem Parque Céspedes, trifft man immer auf Straßenmusiker.*
Seite 18/19 *Porträt von Camilo Cienfuegos an einer Schule in Bayamo. Der junge Revolutions-Comandante kam im Oktober 1959 vermutlich bei einem mysteriösen Flugzeugabsturz über dem Meer ums Leben. Sein Körper und seine Cessna wurden nie gefunden.*

GOLF VON MEXIKO
La Habana
(Havanna)
Playas del Este
ARCHIPIÉLAGO DE SABANA
ARCHIPIÉLAGO DE LOS COLORADOS
CAYO
LEVISA
Cueva de
los Indios
Cordillera de Guaniguanico
Soroa
Guanajay
Varadero
Cárdenas
Matanzas
Alturas del Noroeste
Sagua la Grande
Jovellanos
NATIONALPARK
LA GÜIRA
San Cristóbal
LA HABANA
MATANZAS
Colón
La Macagua
Santa Lucía
Viñales
Embalse
Alacranes
Ensenada
de la Broa
PINAR DEL RÍO
Valle de Viñales
Pinar del Río
Jagüey
Grande
Negro
San Juan
Hondo
Golfo de
Batabano
La Boca
Australia
CIENFUEGOS
San Luís
PENÍNSULA
DE ZAPATA
Playa Larga
Guamá
Rodas
La Coloma
Golfo de
Guanahacabibes
Sandino
Yaguaramas
NATURPARK
MONTEMAR
Playa Girón
Cienfuegos
PENÍNSULA DE
GUANAHACABIBES
Nueva Gerona
Bahía de
Cochinos
(Schweinebucht)
Hanabanilla-See
Bahía de
Corrientes
NATIONALPARK
GUANAHACABIBES
ARCHIPIÉLAGO DE LOS CANARREOS
ISLA DE LA JUVENTUD
Trinidad
CAYO LARGO
NATIONALPARK
MARINO DE PUNTA
KARIBISCHES MEER
0
N
50 km

ARCHIPIÉLAGO DE CAMAGÜEY
CAYO GUILLERMO E SANTA MARIA
CAYO COCO
CAYO ROMANO
ATLANTISCHER OZEAN
Laguna de la Leche
Morón
Ciego de Ávila
CIEGO DE ÁVILA
Caonao
Sierra de Cubitas
CAYO SABINAL
Nuevitas
Playa Santa Lucía
Florida
Minas
Camagüey
Camalote
CAMAGÜEY
Llanura Meridional
Llanura del Sur de Camagüey
Golfo de Ana María
San Pedro
Najasa
Santa Cruz del Sur
Amancio
Puerto Padre
LAS TUNAS
Las Tunas
Bahia de Bariay
Guardalavaca
Banes
Holguín
HOLGUÍN
Tacajo
CAYO SAETÍA
Salado
Báguanos
Mayarí
Moa
NATIONALPARK ALEJANDRO DE HUMBOLDT
Cayo Guin
Baracoa
Golfo de Guacanayabo
Bayamo
Manzanillo
Sierra del Cristal
Alturas de Baracoa
SANTIAGO DE CUBA
GUANTÁNAMO
Guantánamo
Palma Soriano
La Maya
GRANMA
Sierra Maestra
El Cobre
Santiago de Cuba
Sierra del Maguey
San Antonio del Sur
Playita de Cajobabo
Playas las Coloradas
Pilón
Cabo Cruz
NATIONALPARK GRAN PIEDRA E BACONAO

BANCO

Pure Lebensfreude in der Karibik erleben

Es gibt nicht viele Länder der Welt, die so heftig polarisieren wie Kuba, die Insel der Extreme. Ein Paradies unter Palmen? Palmen – ja, aber ein Paradies für wen? Für Urlauber bestimmt. Die Heimat von Rum und Rumba, Sonne und Sozialismus? Aber ja, der Rum ist köstlich und weltberühmt wie die Zigarren, die Rumba unübertroffen virtuos, die Sonne im Überfluss vorhanden. Sie brennt nahezu gewalttätig vom Himmel, sorgt für harte Hell-Dunkel-Kontraste und taucht das Meer in ein unwirklich anmutendes Türkis. Nur manchmal, am Spätnachmittag, überzieht sie die ganze Insel mit einem erlösenden Weichzeichner, bevor sie glutrot und melodramatisch im Meer versinkt. Und der Sozialismus? Nein, sagen viele, Kuba sei die letzte Diktatur Lateinamerikas bzw. der Karibik, während andere unbeirrt die Fahne der Revolution hochhalten. Am besten, man macht sich selbst ein Bild – oder viele verschiedene Bilder, denn diese widersprüchliche, schöne, grüne Insel voller Musik und Geschichte(n) überrascht immer wieder aufs Neue.

Am äußersten Südwestzipfel der Insel liegt der idyllische Strand von Maria la Gorda.

Kuba – Königin der Antillen

Über Kuba ließen sich leicht mehrere völlig unterschiedliche Filme drehen, von denen einer so wahr ist wie der andere, und von denen doch jeder eine ganz andere Aussage über die Insel macht. Das Besondere an Kuba ist, dass dem Reisenden bzw. dem Betrachter hier die Filme nicht hintereinander gezeigt werden, sondern gleichzeitig, was den unvorbereiteten Besucher verwirren wird – vorausgesetzt, er

verlässt sein All-inclusive-Hotel am Strand und lässt sich auf den kubanischen Alltag ein. Ein Tag kann hier aus zehn bis zwanzig Wechselduschen bestehen, aus Stimmungen, in denen man die Insel entweder sofort verlassen oder für immer dableiben will. Man erlebt eine Reise zwischen vielen Welten: Zwischen Devisen-Kuba und Peso-Kuba, zwischen eisgekühlten Cocktails an der Hotelbar, Bettlern an der Tankstelle und afrokubanischen Göttern, zwischen charmanten Komplimenten und aggressiver Anmache, zwischen Schlitzohrigkeit, freundlichem Selbstbewusstsein und schwarzem Humor – ein Albtraum für gewohnheitsliebende Menschen. Aber ein faszinierendes Reiseziel für Realisten, die wissen, dass sie in die Dritte Welt fliegen, auf eine Insel mit einer dramatisch bewegten Geschichte und Gegenwart; die vielleicht auch eine Portion Humor oder eine Vorliebe fürs Absurde haben, die neugierig sind, gut beobachten können und nicht vorschnell urteilen. Ein Eldorado für Musikfans und Menschen, die gern tanzen, und ein Paradies für Strandurlauber, Wassersportler, Naturliebhaber und Ruhesuchende. Auf alle, die aus dem Alltag ausbrechen wollen, wartet eine spannende, widersprüchliche und landschaftlich reizvolle Insel.

Die Perle der Karibik

Der erste Film, der über Kuba gedreht werden könnte, zeigt ein karibisches Urlaubsparadies mit allen Zutaten, von denen wintergeplagte Europäer nur träumen: Weiße Puderzuckerstrände und warme Meereswellen, die einen wahren Farbenrausch in Grün-Smaragdfarben-Himmelblau-Türkis entfalten und in denen es sich herrlich baden, tauchen und schnorcheln lässt. Schillernde Korallenriffe und vorgelagerte kleine Inseln, die scheinbar selbstvergessen im Meer treiben. Segeltörns vor Cayo Largo, vorbei an einer winzigen Insel, auf der nur Leguane leben; rosafarbene Flamingos, zutrauliche Pelikane und dann und wann ein kleiner Delfin. Bootsfahrten durch die verschwiegenen Kanäle der Sumpf-Halbinsel Zapata, Reitausflüge in die dschungelbewachsenen Berge der Sierra Maestra. Die Hochglanzfotos der Reiseveranstalter wie auch die Fotos in diesem Buch lügen nicht: All dies gibt es wirklich auf Kuba.

Üppige Blütenpracht

Wenn im Mai die Regenzeit beginnt, verwandelt sich die ganzjährig grüne Insel in einen wahren Paradiesgarten. Weithin leuchten die scharlachroten Blütenstauden des Flamboyant, die blauen Dolden des Palisanders und die Farbkaskaden der Bougainvillea. Die hängenden gelben Blütentrauben des Indischen Goldregens, die weißen Trompeten des Baumstechapfels, die porzellanartigen Blüten des Frangipangi, gigantische Weihnachtssterne, Korallenbäume, Hibiskus, Oleander und Hortensien entfalten einen verwirrenden Farbenrausch. Kostbare Orchideenbäume, der aus Afrika stammende Tulpenbaum

1 *Blütenpracht im Jardin Unión, einem kleinen Blumengarten in der Nähe von Soroa.* – 2 *Die farbenprächtigen, aufwendigen Karnevalskostüme der Kubanerinnen sind echte kleine Kunstwerke.*

1

2

mit seinen leuchtend roten, orangegelb geränderten Blüten und der rote Flammenbaum gehören zu den Highlights der städtischen Parks, doch man sieht sie auch am Straßenrand.

Was sind die mühsam gezogenen subtropischen Pflänzchen auf dem heimischen Balkon gegen die üppige Blütenpracht Kubas? Hier scheint einfach alles zu gedeihen. Das liegt an der tonhaltigen Erde, die das Regenwasser gut hält. Im westlichen Teil der Insel dagegen herrschen sandige, durchlässige Böden vor, auf denen sich aber die vielen Palmenarten wohlfühlen. In der Provinz Pinar del Río sieht man ein ansonsten seltenes Exemplar: die Fasspalme, von den Einheimischen auch *palma barrigona*, also dickbäuchige oder schwangere Palme, genannt. In ihrer bauchigen Verdickung am Stamm sammelt sie das Wasser.

Das Wahrzeichen Kubas, auch auf dem Landeswappen verewigt, ist die Königspalme. Sie ist unschwer an ihrem gerade aufragenden Stamm und an ihrer Spitze aus grünen Palmwedeln zu erkennen. Bis zu 40 Meter hoch kann sie werden. Für die Bauern ist die majestätische Palme eine überaus nützliche Pflanze: Mit ihren Blattwedeln wird das Dach der *bohíos* gedeckt, der noch heute auf dem Land verbreiteten Hütten. Außerdem kann man daraus Hüte und Körbe flechten. Aus dem äußerst harten und widerstandsfähigen Holz des Stamms werden die Wände der *bohíos*, Möbel und Viehtröge gefertigt. Die unteren Blatthülsen werden zu Schuhen verarbeitet, aus den zarten Palmherzen kocht man eine köstliche Suppe, die Früchte werden an die Schweine verfüttert und die Blüten sind Nahrung für die Bienen – der Palmhonig ist eine besondere Spezialität.

Entlang der Straßen kann man häufig Algarrobo-Bäume sehen, unter deren breiten Kronen Menschen lagern und auf einen Bus warten. Der mächtige Wollbaum, die Ceiba, gilt in Kuba als heilig. Wie viele Edelhölzer vor Jahrhunderten noch auf der Insel wuchsen, kann man überall in den Kolonialmuseen sehen: Möbel aus kostbaren Zedern, Mahagoni- und Ebenholzbäumen erzählen vom natürlichen Reichtum des Landes. Im Botanischen Garten in Cienfuegos sind alle in Kuba wachsenden Pflanzenarten – immerhin 2000 Spezies – sowie viele ausländische Pflanzen versammelt.

Eine Insel als Krokodil

Kuba gleiche einem »lachenden Krokodil im Antillenmeer«, schrieb der Dichter Nicolás Guillén. Die rauchende Schwanzspitze ist das Tabakanbaugebiet im Westen der Insel, wo aus dem ebenen Boden schroffe, grün überwucherte Kegelfelsen aufragen – eine skurrile Landschaft, die den besten Boden für die hochsensiblen Tabakpflanzen bietet. In den vielen Höhlen, die die Flüsse in den weichen Kalksandstein gegraben haben, lebte vor Ankunft der Spanier das Indianervolk der Guanahatabeyes.

Und im Nationalpark La Güira bekommt man eine Vorstellung davon, wie dicht bewaldet Kuba war, bevor die spanische Kolonialisierung begann. Kolumbus schwärmte, man könne die Insel im Schatten dichter Wälder durchqueren, ohne ein einziges Mal die Sonne zu sehen. Diese Zeiten sind zwar leider vorbei, doch nirgendwo sonst sieht man so viele Zedern, Kiefern und Mahagonibäume wie im Güira-Nationalpark, zu dem auch die knapp 700 Meter hohen Bergzüge der Sierra del Rosario gehören.

Der Bauch des Krokodils besteht aus Sümpfen und Gebirge: Südlich von Matanzas liegen die Sümpfe der Halbinsel Zapata in der Sonne – in Guamá wird der real existierende Krokodilnachwuchs aufgezogen –, während etwas weiter östlich

1 *Morgendämmerung im Tal von Viñales.* – 2 *Auf dem Land sind Pferde zuverlässiger und preiswerter als Benzinschlucker.* – 3 *Mühseliges Pflügen mit dem Ochsengespann prägt in Kuba den bäuerlichen Alltag.*

der Pico de San Juan mit 1156 Metern als höchster Gipfel der Sierra del Escambray über das Meer ragt. Ansonsten dehnen sich unendliche Zuckerrohrfelder, Zitrusplantagen und Viehweiden auf dem Rücken des »Krokodils« aus, unterbrochen von Sumpflandschaften im Süden und kleinen, aber fischreichen Lagunen an der Nordküste bei Morón. Aus dem »lachenden Maul« des Krokodils blitzen die Bergketten der Sierra Maestra, der Sierra de Baracoa und der Sierra de Cristal mit fruchtbaren Tälern, idyllischen Flussmündungen, Palmenhainen und schattigen Wäldern.

Eine Metropole und eine heimliche Hauptstadt

Doch die spektakulären Strände und Naturschönheiten sind längst nicht alles, was Kuba zu bieten hat. Da ist die Metropole Havanna mit ihrem ganz besonderen Flair: eine Stadt wie ein karibisches Patchwork, bunt, widersprüchlich, verblüffend. Das moderne Stadtzentrum Vedado mit seinen Hotelwolkenkratzern aus Mafia-Zeiten, den grünen Alleen, der lärmenden Hauptschlagader »La Rampa« mit Läden, Kneipen und Kinos. Die schmalen Straßen der historischen Altstadt mit Straßenhändlern, Eisverkäufern und flanierenden Touristen zwischen Kolonialpalästen, Kathedrale und stillen Patios. Amerikanische Straßenkreuzer aus den Vierziger- und Fünfzigerjahren, die, vom bunten Lack zusammengehalten, in Al-Capone-Manier majestätisch über die ehemalige Prachtstraße Prado rollen. Die Festung El Morro, von der aus man einen unvergleichlichen Blick auf die Stadt und den Malecón hat – jene Uferpromenade, die sich kilometerlang an pastellfarbenen, verwaschenen Häusern entlangschlängelt und die so etwas wie das öffentliche Wohnzimmer der Stadt ist. Dann natürlich der weltberühmte Open-Air-Nachtclub »Tropicana«, »ein Paradies unter Sternen«, in dem die beste Tanzshow der Karibik läuft. Nicht vergessen werden darf die »heimliche Hauptstadt« Santiago de Cuba, malerisch gelegen zwischen den grünen Ausläufern der Sierra Maestra und der kobaltblauen Karibik. Eine Stadt voller Charme und Musik, mit steilen engen Straßen und schattigen Plätzen, kolonialen Kostbarkeiten, den legendären Musikern aus der »Casa de la Trova« und dem bunten Straßenkarneval, der ganz Santiago in einen trommelnden und tanzenden Hexenkessel verwandelt.

Es stimmt: Kuba ist ein Paradies. Ein Paradies für Urlauber, in dem für Devisen fast alles zu haben ist. Ein kinderfreundliches Land mit Traumstränden, abwechslungsreichen Landschaften und viel kulturellem Hintergrund.

Das Gegenstück: Peso-Kuba

Die meisten der 11,2 Mio. Kubaner haben es allerdings mit einer ganz anderen Realität zu tun: Sie leben in Peso-Kuba, auf der

1 *Viele Musiker auf Kuba schlagen sich als Straßenmusiker durch.* – 2 *Auch in Santiago allgegenwärtig: Congas und Trommler, hier im Parque Céspedes.* – 3 *Legendär sind Kubas Oldtimer. Sie werden liebevoll gepflegt und nach Kräften mit selbst gebauten Ersatzteilen repariert.* – 4 *Der Malecón, die Uferpromenade Havannas, ist eine Art öffentliches Wohnzimmer.* – 5 *Beim Karneval in Santiago tanzen alle auf den Straßen.*

4

5

1

2

Schattenseite. Ihr Alltag gleicht einer Achterbahnfahrt durch »Absurdistan«, wie viele die Verhältnisse bezeichnen.
Es beginnt damit, dass die Gehälter, Löhne und Renten in kubanischen Peso (CUP) ausbezahlt werden, für die man allerdings kaum etwas kaufen kann. Zum Überleben, für Lebensmittel, Schuhe, Kleidung, Haushaltsgeräte usw. braucht man nämlich »echtes Geld«, Devisen. Bis 2004 waren das Dollars, heute sind es die Pesos Convertibles, kurz CUC genannt, eine reine Binnenwährung, die aber an den Dollar gekoppelt ist. Also tauschen die Kubaner entweder in Wechselstuben oder auf dem Schwarzmarkt ihr Peso-Gehalt in die Fantasie-Währung CUC um. Etwa 22 CUP entsprechen 1 CUC, und das bedeutet, dass die Kaufkraft eines Durchschnittslohns von 420 CUP etwa der von 19 CUC entspricht. Davon kann man mit etwas Glück zwei Abendessen in einem Privatrestaurant bezahlen. Ein Kellner in einem Devisen-Restaurant verdient leicht an die 10 CUC Trinkgeld pro Tag, während etwa ein Staatsangestellter, ein Zuckerrohrschneider, eine Lehrerin oder ein Arzt für den Gegenwert in Pesos einen halben Monat arbeiten muss. Die »Doppelwährung« (*doble moneda*) wird von vielen Kubanern aus nachvollziehbaren Gründen als beleidigende Währungs-Apartheid empfunden, durch die sie im eigenen Land diskriminiert werden.
De facto arbeiten die meisten Kubaner also für einen symbolischen Lohn, von dem sie spätestens seit Anfang der 1990er-Jahre nicht existieren können, und sind gezwungen, sich anderweitig über Wasser zu halten. Was also tun?
Die entscheidende Frage ist, ob man Familienangehörige in den USA hat. Rund zwei Drittel aller Kubaner werden von ihren emigrierten Verwandten mit Geldsendungen unterstützt, von denen der kubanische Staat jedoch mindestens 10 Prozent Steuern kassiert (jährlich rund 200 Mio. Dollar) – auf diese Weise tragen die Exilkubaner unwillentlich zum Überleben des kubanischen Systems bei. Und halb Kuba hängt am Tropf von Florida. Doch kaum jemand kann ausschließlich von Geldsendungen leben. Also schlägt man sich durch, indem man tausend verschiedene Jobs und Dienstleistungen erfindet und dazu nach Kräften den Staat schröpft. Die Leute brennen Rum und verkaufen ihn von Haus zu Haus, stellen Shampoo oder Seife her (beides offiziell nur gegen Devisen erhältlich), vermieten Zimmer, richten im Wohnzimmer ein Mini-Restaurant ein, verkaufen von einem Fenster aus Kaffee an Passanten. Man lackiert die Nägel der Nachbarinnen, bietet Friseurdienste an, schneidert Kleider aus alten Klamotten für den Eigenbedarf und zum Verkauf, hält im Bad oder auf dem Balkon ein Schwein, fährt mit dem zusammengeflickten Lada (illegal) Taxi, verhökert selbst kopierte Musikkassetten, »vom Lastwagen gefallene« Zigarren, Langusten und anderes mehr. So entstand eine Schattenwirtschaft, die zwar, ganz im Gegensatz zur staatlichen Ökonomie, auch sehr gut funktioniert, dem Staat jedoch ein Dorn im Auge ist, zumindest ökonomisch. Indirekt sorgt die Schattenwirtschaft jedoch für Ruhe im Land, denn nahezu jeder bewegt sich aus überlebenstechnischen Gründen in der Grauzone zur Illegalität bzw. steht mit einem Bein im Gefängnis. So riskiert etwa jemand, der es wagt, an den 5000 Kilometer langen Küsten Kubas zu fischen oder Langusten aus dem Meer zu holen, gleich mehrere Jahre Gefängnis; ebenso drakonische Strafen drohen jedem, der unter der Hand ein paar Eier, Schweinefleisch oder ein Hühnchen verkauft.

1 *Der Alltag* a la cubana *ist mühsam und unbequem, der Transport ist eines der größten Probleme des Landes.* – 2 *Vor den (eigentlich verbotenen) Hahnenkämpfen werden die Hähne gewogen und in Gewichtsklassen eingeteilt.* – 3 *Auf der ganzen Insel sind Spiele wie Dame, Schach und Domino sehr beliebt.*

Und schließlich verkaufen viele sich selbst. Bis vor wenigen Jahren hatte die hetero- und homosexuelle Prostitution ein solches Ausmaß erreicht, dass Kuba als Ziel von Sextouristen traurige Berühmtheit erlangte. Seit 1999 versucht die Regierung mit drakonischen Zwangsmaßnahmen, die Prostitution einzudämmen, ohne allerdings ihre sozialen Ursachen zu beseitigen, ganz zu schweigen von der Korruption, die sie überhaupt erst ermöglicht.

1

Trotzdem floriert auch heutzutage die Prostitution, wenn auch weitgehend im Verborgenen.

Seit 2010 ist es erlaubt, als angemeldeter Kleinunternehmer in rund 180 Berufen »auf eigene Rechnung« zu arbeiten, oder, wie es in Kuba heißt, als *cuentapropista*, ein weiterer Versuch, die Schattenwirtschaft in Schach zu halten und die allgemeine Unzufriedenheit über hohe Preise und drastische Versorgungsengpässe zu besänftigen. Innerhalb von kürzester Zeit hat sich fast eine halbe Million Menschen offiziell als Gewerbetreibende registrieren lassen, darunter viele Angestellte, die ohnehin im Rahmen der rigiden Sparmaßnahmen in den letzten Jahren entlassen worden waren. Oder sie quittierten ihren Dienst, weil das Gehalt nur für eine Woche reichte. Allerdings sehen sich viele Kleinunternehmer mit immer neuen bürokratischen Stolpersteinen und einer geradezu prohibitiven Steuerpolitik konfrontiert, sodass Anfang 2014 Tausende Gewerbetreibende ihre Lizenz zurückgaben und diverse Märkte und *agromercados* mangels Masse geschlossen werden mussten. Andere Märkte wurden zwangsgeräumt, weil z.B. die privaten Gemüsehändler mit ihren niedrigen Preisen den staatlichen Geschäften zu heftig Konkurrenz machen. Übrigens ist es verboten, sich in akademischen Berufen selbstständig zu machen (weshalb viele Lehrer, Ärzte und Uni-Professoren z.B. als Pizzaverkäufer oder Taxifahrer arbeiten) – oder Unternehmen zu gründen, die eine gewisse Technologie erfordern.

Angesichts ihrer Achterbahnfahrt durch einen absurden Alltag klingt es vielen Kubanern wie Hohn in den Ohren, wenn sie per Gesetz nun tatsächlich auch Neuwagen kaufen dürfen – zum Beispiel für eine Viertelmillion CUC einen kreuzbraven französischen Mittelklassewagen. Im Vergleich dazu ist ein kubanischer Reisepass geradezu lachhaft billig: Für nur 100 CUC kann man ihn sich ausstellen lassen, knapp das halbe durchschnittliche Jahresgehalt. Doch selbst diese Neuerung ist schon eine enorme Erleichterung, denn bis zum Januar 2013 wurde den Kubanern das Grundrecht der Reisefreiheit vorenthalten. Wer verreisen oder das Land gar definitiv verlassen wollte, brauchte diverse behördliche Genehmigungen und war der Behördenwillkür komplett ausgeliefert. Innerhalb eines Jahres hat rund eine Viertelmillion Kubaner die Insel seit Inkrafttreten des Ausreisegesetzes für eine oder mehrere Reisen verlassen, etwa die Hälfte der Ausgereisten sind laut den Zahlen der Ausreisebehörde nicht zurückgekehrt.

Ein Film über Kubas Lebenskünstler würde – abgesehen vom menschlichen Elend der Prostitution – von den erfinderischen Methoden erzählen, mit denen viele Kubaner ihren schwierigen Alltag meistern, von ihrem tiefschwarzen Humor, der sich auch in zahlreichen Liedern ausdrückt, von ihrer fast schmerzhaften Selbstironie und der pragmatischen Hartnäckigkeit, mit der sie versuchen, eigentlich unlösbare Probleme zumindest auf kurze Sicht zu lösen und wenigstens mit einem Rest von Würde zu überleben.

1 *Viele KubanerInnen arbeiten in Zigarrenfabriken für einen Monatslohn von 12 €.* – 2 *Neben prächtigen Kolonialhäusern findet man auf Kuba auch viele Plattenbauten sozialistischer Bauweise.* – 3 *Frühstück mit traumhaftem Ausblick auf das Tal von Viñales.*

2

3

1

2

Der charmanteste Film: Lebenselixier Musik

Bei diesem Leben in der Quadratur des Kreises spielt die Musik eine ganz zentrale Rolle: Sie ist »Lebensmittel«, Ventil und auch Lebensfreudekonzentrat. Gleichgültig, an welchem Ort der Insel man sich gerade aufhält: Die synkopierten Rhythmen der Straßenmusiker, die herzzerreißenden Boleros der Restaurant-Trios und die gellenden Bläsersätze der angesagten Kultbands aus Havanna sind in Kuba allgegenwärtig.

Und wie ein beständiges Flirren liegt der Son in der Luft. »Der Son ist *música mulata* – Mulattenmusik, die Verschmelzung von Europa und Afrika in Kuba, in seinen synkopierten Rhythmen … spiegelt sich unsere Seele«, schrieb der Nationaldichter Nicolás Guillén. Und: »Der Son ist klingender Rum, mit den Ohren zu trinken«. Afrikanische Rhythmen und Perkussionsinstrumente verschmelzen mit spanischen Versen und Saiteninstrumenten zu einer musikalischen Synthese. Wer in Santiago de Cuba, der »Wiege des Son«, geboren wird, läuft, spricht, atmet und tanzt im Rhythmus des Son, sagt man in Kuba. Aus der Stadt kommen legendäre Soneros wie das Trio Matamoros, Ñico Saquito und Compay Segundo. Auch das Ausland hat die hinreißenden Großväter der kubanischen Musik entdeckt: die Vieja Trova Santiaguera, den Pianisten Rubén González, Ibrahím Ferrer. Als der Son Anfang des 20. Jahrhunderts zum Markenzeichen der kreolischen Kultur wurde und mit Zuckerarbeitern und Straßensängern von Santiago nach Havanna wanderte, spielte man ihn mit einer Gitarre, dem Tres – einer kleinen Gitarre –, mit Kontrabass, Bongos, Maracas (Rumbakugeln) und Claves, Rhythmushölzchen. In der »Casa de la Trova« in Santiago kann man noch heute die Urform des Son hören. In den Zwanzigerjahren eroberte er die Kneipen und Tanzlokale der Hauptstadt, die Son-Quartette erweiterten sich zu Sextetten und Septetten, bauten Congas, zwei bis drei Trompeten und ein Klavier in den Sound ein. In den Vierzigerjahren revolutionierte Bandleader Arsenio Rodríguez den Son, indem er die Bläser-Sektion zum Big-Band-Format erweiterte. Als er 1947 nach New York reiste, sorgte Arsenio mit seiner kraftvollen Musik für eine Sensation. Neue Akzente setzte auch der Sänger und Bandleader Beny Moré (1920–1963). Er wurde als »größter Sonero aller Zeiten« gefeiert, weil er auf der Bühne ein rhythmisches und melodisches Feuerwerk losließ. Außerdem tanzte dieser *bárbaro del ritmo* auch noch virtuos während seines Gesangs.

Die heutigen Salsa-Bands aus Havanna wie Adalberto y su Son, NG La Banda, der »Médico de la Salsa« Manolín, die Charanga Habanera und Los Van Van haben den Son, die Rumba, den Mambo und den Cha-Cha-Cha zu einem lustvoll verwirrenden Klangdschungel verwoben, häufig gespickt mit ironischen Texten im Straßenslang. Und der Son ist beileibe nicht der einzige Tanz, der in diesem Jahr-

3

4

5

1 *Aus den Sklavenbaracken wanderte der stark westafrikanisch geprägte Guaguancó auf die Straßen und in die Salons.* – 2 *Die Conga-Trommler sorgen für Rhythmus.* – 3 *Die Musiker des Buena Vista Social Club haben viele unbekannte Brüder.* – 4 *Der Karneval in Santiago ist stark haitianisch geprägt.* – 5 *Tänzer während einer Pause.*

hundert auf Kuba entstand. Ob die romantischen Boleros der gitarrenbewehrten Restaurant-Trios, das komplizierte Rhythmengeflecht der in Sklavenbaracken entstandenen Rumba oder die Mambos und Cha-Cha-Chas der 1950er-Jahre – all diese Tänze haben weltweit großen Einfluss auf die populäre Musik des 20. Jahrhunderts ausgeübt. Musik und Tanz sind auf Kuba viel mehr als Unterhaltung, sie sind ein Lebenselixier.

Der karibische Melting Pot

Ein weiterer Film über Kuba müsste das Leben der unfreiwilligen Einwanderer dokumentieren und etwa von den Spaniern erzählen, die nicht nur Kolonialherren mit Palästen, sondern auch einfache andalusische, galicische oder kanarische Siedler waren. Die wenigsten von ihnen machten ihr Glück in Havanna. Viele gingen aufs Land – die qualifizierten Tabakarbeiter aus La Palma natürlich in die Tabakprovinz Pinar del Río – während die ungelernten Arbeitskräfte und die Siedler Richtung Osten zogen, auf die endlosen Zuckerplantagen von Las Villas und Camagüey. Dort schufteten sie an der Seite der Sklaven, schnitten zu Erntezeiten 14 Stunden am Tag Zuckerrohr und standen in der toten Zeit zwischen den Ernten ebenso vor leeren Kochtöpfen wie die in Kuba geborenen guajiros, die Landbewohner.

Auch von den Afrikanern aus Nigeria, Kongo, Zaire, Benin oder Kalabar muss erzählt werden, die auf Sklavenschiffen nach Kuba kamen und ihre Götter, ihre Legenden und ihre Musik mitbrachten. Von den Chinesen, die im letzten Jahrhundert als »Sklavenersatz« für die Zuckerrohrernte angeworben wurden und die mit ihren Wäschereien, ihren Garküchen und Restaurants, Theatern und Cabarets zur Vielseitigkeit Havannas beitragen. Der Film würde außerdem von den Franzosen und den haitianischen Pflanzern handeln, die nach 1790 von Haiti übers Meer in den Ostteil Kubas flüchteten; von jüdischen Einwanderern, die Havanna in ein Zentrum der Diamantschleiferei verwandelten; von versprengten Europäern, die aus welchen Gründen auch immer an den Küsten strandeten und sich dort niederließen, von Piraten und Mafiosi jeglicher Couleur sowie von den US-amerikanischen Marinesoldaten, die mehrfach auf die »rebellische Insel« geschickt wurden und den »american way of life« verbreiteten.

Kuba ist ein gigantischer Kulturcocktail. Die Insel nimmt unersättlich alle angeschwemmten Einflüsse – von Rap und Breakdance über Punk und Pop-Art bis TV-Seifenopern und Hollywood-Filmen – in sich auf und spuckt sie selbstbewusst als neues, eigenes Element wieder aus. Das unterscheidet Kuba zum Beispiel von der Dominikanischen Republik, wo die afrikanischen Einflüsse hartnäckig weiß getüncht werden, und von Haiti, wo nach der schwarzen Revolution der europäische Einfluss nahezu ausgelöscht wurde.

Kein Mensch in Kuba sei vollständig weiß oder schwarz, jeder trage die Elemente der anderen Kultur ebenfalls in sich, sagt man in Kuba. Vielleicht zieht sich deshalb die afrokubanische Mischkultur, zu der ein magisch-animistisches Weltbild, Trommeln und tanzende Gottheiten gehören, wie ein unzerstörbarer roter Faden durch die Geschichte der Insel. Und dabei hat es nie eine Rolle gespielt, ob nun spanische Gouverneure, kreolische Zuckermagnaten, Diktatoren, amerikanische Generäle oder auch bärtige Rebellen auf dem Thron saßen.

1 *Ein stolzer* guajiro *(Bauer) in der Provinz Granma.* – 2 *Keine kubanische Veranda ohne Schaukelstuhl.* – 3 *Schulkinder in Pionier-Uniform.*

2

3

1

2

Die tanzenden Götter

Die Insel war zu Kolonialzeiten Hauptumschlagplatz des Sklavenhandels in Lateinamerika. Zeitweise waren zwei Drittel der Bevölkerung afrikanische Sklaven.
Das afrikanische Element in Kubas Kultur ist kein einheitliches Gebilde, denn die Afrikaner kamen aus sehr unterschiedlichen Regionen und Gesellschaften Westafrikas und wurden erst auf den Schiffen zusammengewürfelt. Doch ob Congos, Mandingas oder Yorubas: Mit den Sklaven gingen auch ihre Götter in Kuba an Land, ihre Musik, ihre Trommeln, ihre Tänze und ihre magisch-animistische Weltsicht. Zwar ist Kuba seit der Revolution von 1959 offiziell ein atheistisches Land, doch seine Bevölkerung ist es keineswegs. Seit der Kolonialzeit ist der Götterhimmel über Kuba dicht bevölkert: Mindestens zwanzig Oríchas, afrokubanische Gottheiten, beeinflussen das Schicksal der Menschen. Denn die Lehren der katholischen Missionare legten sich nur wie ein dünner Firnis über das animistische Weltbild der afrokubanischen Kulte. Alle Versuche, diese Kulte zu unterdrücken, bewirkten lediglich, dass man die Götter äußerlich in das Gewand katholischer Heiliger steckte. Davon leitet sich auch der Name dieser wichtigsten afrokubanischen Mischreligion ab: Santería (vom spanischen Begriff »santo«, »Heiliger«) bedeutet »Heiligenkult«.
Jede afrikanische Gottheit hat ein katholisches Pendant. So wird der Donnergott Changó gleichgesetzt mit der Heiligen Barbara, die Meeresgöttin Yemayá ist die Heilige Jungfrau von Regla, und die Nationalheilige Kubas, die Liebesgöttin Ochún, ist in die Rolle der »Heiligen Jungfrau des Kupfers« (Vírgen de la Caridad del Cobre) geschlüpft. Doch der Charakter der Oríchas ist afrikanisch geblieben: Changó, Yemayá und Ochún haben menschliche Eigenschaften, sind mal wohlwollend, wütend oder eifersüchtig, haben Launen und Vorlieben, essen und trinken, lieben sich, streiten und lassen sich von den Gläubigen bestechen, wenn sie bei Alltagsproblemen helfen sollen.
Vor allem an Wochenenden dröhnen die Rhythmen der drei Batá-Trommeln aus den Hinterhöfen der Mietskasernen und traditionellen schwarzen Viertel in Havanna, Matanzas und Santiago, den Hauptzentren der Santería.
Nach einem genau festgelegten Programm wenden sich Trommler und Tänzer an die Götter, erst an den Schicksalsgott Elleguá, der über den guten Ausgang jeder Unternehmung entscheidet, dann an alle anderen Oríchas. Wenn es den Gläubigen gelingt, beim ekstatischen Tanz den Göttern ihre Tarnkappe zu entreißen, dann »reitet« zum Beispiel Changó einen Gläubigen, der in tiefe Trance fällt und vorübergehend vom Donnergott besessen ist.
Selbst überzeugte Atheisten haben Respekt vor der Macht der Oríchas und scheuen sich nicht, eine Kerze für Elleguá anzuzünden oder der Meeresgöttin Yemayá ein paar Apfelsinen oder Blumen in die Wellen zu werfen. In Kuba zählen heute nicht mehr leere Versprechungen und Parolen, sondern handfeste Resultate: ein gelöstes Problem, ein geheilter Kranker, gefüllte Einkaufstaschen. Und wenn die Götter der Santería oder die magischen Kräfte der anderen afrokubanischen Kulte wie Regla Conga und Abakuá sich als erfolgreicher erweisen, als es eine weiße Regierung ist – wer würde ihre Segnungen zurückweisen?
Die afrokubanische Kultur ist bis heute das beständigste Element in Kuba, sie ist nicht domestizierbar und nimmt ohne Schwierigkeiten alle neuen Entwicklungen

3

1 *Prächtiger Santería-Altar: Essen, Getränke und Trommeln für die hungrigen tanzenden Götter Kubas.* – 2 *Unter den bunten Tüchern verbergen sich Suppenschalen mit den Insignien der Gottheiten.* – 3 *Einige Attribute der Gottheiten* (orícha)*: Der Hahn ist das Symbol von Obatalá, dem Gott des Friedens.*

in sich auf. So ist der Kriegsgott Ogún, Herr über die Metalle, heutzutage eben auch für die ziemlich altersschwachen Flugzeuge der kubanischen Airline und für die fauchenden Stadtbusse (*guaguas*) zuständig, während die flüchtenden Boat-People 1995 die Meeresgöttin Yemayá um Schutz anflehten.
Die Santería hat vor allem in den letzten Jahren der Dauerkrise viel Zulauf von Jugendlichen bekommen, was sogar im Straßenbild von Havanna auffällt: Überall sieht man weiß gekleidete Initiierte und Menschen mit bunten Ketten (für jede Gottheit eine), an jedem Wochenende hört man die Trommelschläge der Santería-Zeremonien in den Straßen.
Vielleicht profitieren die Santeros davon, dass die gebetsmühlenartig wiederholten Parolen der Regierungsideologie nur noch wenige überzeugt und ein moralisches und spirituelles Vakuum auszufüllen ist.

Gemalte Mythen

Auch in der Malerei hat der bunt gemischte afrokubanische Götterhimmel seine Spuren hinterlassen. Animistische Mythen und die Natur sind wichtige Themen der kubanischen Malerei dieses Jahrhunderts. Auf sie trifft man immer wieder – auch bei Wifredo Lam (1902–1982), dem wohl berühmtesten modernen Maler Kubas. Er verbrachte den größten Teil seines Lebens in Europa und die Einflüsse europäischer Avantgardisten wie Picasso auf sein Werk sind ebenso deutlich wie die der afrokubanischen Mythen aus seiner Heimat Kuba. Die Teufelchen der afrikanischen Geheimgesellschaft Abakuá, die vielen Gesichter des Schicksalsgottes Elleguá und die Symbole anderer Gottheiten tauchen immer wieder in abstrahierter Form in seinen Bildern auf. Der afrokubanische Maler Manuel Mendive (geboren 1944) – einer der wenigen kubanischen Künstler, der nicht ins Ausland ging – zeichnet sich durch die sehr moderne Umsetzung der Mythen der Santería aus. Seine Darstellungen von einem Kosmos, in dem sich alle Lebewesen gegenseitig gebären und verschlingen, sind ebenso farbenprächtig wie seine Body-Art-Performances, bei denen er den Tänzern die Symbole der afrokubanischen Yoruba-Götter auf die nackte Haut malt.
Zwar ebenfalls afrokubanisch orientiert, doch mehr am animistischen Weltbild der Regla Conga, die von Sklaven aus dem Kongo nach Kuba gebracht wurden, ist José Bedia (geboren 1959). Er lebt seit vielen Jahren in Miami und gilt zusammen mit Flavio Garcendía als Vorreiter der »Jungen Wilden«. Bedias fortschrittskritische Installationen und seine Schwarz-Weiß-Zeichnungen stellen häufig die spirituelle Leere des postmodernen Menschen dar und versuchen, eine Versöhnung mit der Natur herzustellen.

Ein Blick in die Kochtöpfe

Wie der Götterhimmel, die Malerei und die Musik ist auch die kubanische Küche ein Mischprodukt: Die Essgewohnheiten der afrikanischen Sklaven, der spanischen Kolonialherren und weißen Bauern, der chinesischen Kontraktarbeiter und nicht zuletzt die Fastfood-Kultur der nördlichen Nachbarn haben sich in Kuba zu einem kulinarischen Panorama verbunden, das in erster Linie fett, kalorienhaltig, wenn irgend möglich fleischlastig und – bei den Desserts – quietschsüß ist. Zumindest gilt dies für die traditionelle Küche. Seit der nun ein Vierteljahrhundert andauernden Wirtschaftskrise sind die meisten Kubaner allerdings froh, wenn sie Reis

Drei bedeutende kubanische Maler des 20. Jahrhunderts: 1 *René Portocarrero (1912–1985),* Cerro Interieur. *1943, Öl auf Holz.* – 2 *Raúl Martínez (geb. 1927),* Insel 70. *1970, Öl auf Leinwand.* – 3 *Jorge Arche Silva (1905–1956),* Frühling, oder: Ruhepause. *1940, Öl auf Leinwand.*

2

3

1

2

mit schwarzen Bohnen auf dem Teller haben, *arroz con frijoles*, selbst ein Spiegelei war und ist auch heute mitunter Luxus. Dabei wartet die traditionelle kreolische Küche mit vielen Leckerbissen auf: Schweinshaxe und gegrilltes Spanferkel, in Apfelsinensaft geschmortes Huhn und gut gewürztes Hackfleisch mit weißem Reis und schwarzen Bohnen in Sauce, begleitet von knusprig frittierten Gemüsebananen und süßen Bananenscheiben sowie cremigen Avocados. Und dazu trinkt man natürlich ein Glas frisches kubanisches Bier.
Hülsenfrüchte und andere stärkehaltige Früchte spielen in der Landesküche eine große Rolle. So stehen Knollenfrüchte wie *ñame* und *malanga*, Süßkartoffeln und Maniok in gedünsteter oder frittierter Form auf dem Speisezettel. Frischer Fisch und Meeresfrüchte kommen dagegen in einem kubanischen Haushalt ebenso selten auf den Tisch wie Rindfleisch: Diese Spezialitäten sind für den Export und für die Küchen der großen Hotels reserviert. Kubanische Nachspeisen sind nichts für Kalorienzähler: Gezuckerte und frittierte Bällchen aus Maniok oder Malanga sowie Guavengelee mit Frischkäse gehören zum Standardprogramm. Ob Reis- und Karamellpudding, kandierte Früchte, sahnige Eiskugeln, Torten in schrillen Farben oder das berühmte »cucurucho« aus Baracoa am Ostzipfel Kubas, eine wahre Köstlichkeit aus Kokosraspeln, Früchten und Honig – auf der Zuckerinsel bedeutet süß immer süß bis zur Schmerzgrenze.

Cuba libre?

Fehlt noch der Film über die Revolution der bärtigen Rebellen 1959 – und was daraus geworden ist. Damit beginnt wohl das bisher schwierigste Kapitel der kubanischen Geschichte und Gegenwart. Welche Hoffnungen auch für Lateinamerika mit der kubanischen Revolution verbunden waren, kann man sich heute nur noch schwer vorstellen, welche Gegenreaktionen und Traumata sie hervorgerufen hat, auch nicht. Praktisch die gesamte Außenpolitik der USA gegenüber der Dritten Welt war über Jahrzehnte nichts anderes als eine gewaltsame oder vorsichtig reformerische Strategie, um weitere Revolutionen dieser Art in der Karibik und in Lateinamerika zu verhindern. Und in Kuba selbst?
Die viel zitierten »Errungenschaften der Revolution« bescherten dem Land Standards, wie sie sonst nur Industrienationen haben. Die Kindersterblichkeit ist niedrig, die Lebenserwartung liegt bei ungefähr 75 Jahren, die Bevölkerung ist überdurchschnittlich gut ausgebildet, die Gesundheitsversorgung ist trotz enormer Versorgungsprobleme in Krankenhäusern und Apotheken noch recht gut, allerdings längst nicht mehr kostenlos und ohne Devisen sehr problematisch. Die Rassentrennung wurde aufgehoben und die Gleichberechtigung der Frau durch ein umfangreiches Gesetz zumindest auf dem Papier garantiert.
Doch letztendlich ist dieser Film ein trauriger Film, denn die ethisch-politischen Grundsätze, für die die Revolutionäre kämpften, gehören längst der Vergangenheit an, auch wenn sie gebetsmühlenartig als martialische Parolen auf Plakaten und Wandmalereien beschworen werden. Seit mehr als einem halben Jahrhundert liegt die uneingeschränkte politische und wirtschaftliche Macht über die Insel in den Händen der Castro-Familie und einem kleinen Kreis ihrer Günstlinge, zementiert durch das herrschende Ein-Parteien-System der Kommunistischen Partei Kubas (PCC) und ihrer Unterorganisatio-

1 *Morgenstimmung im Tal von Viñales. Die »Elefantenrücken«, wie die grün überwucherten Kalksteinkegel genannt werden, sind gut 160 Millionen Jahre alt.* – 2 *Die Plaza der kleinen Tabakstadt Viñales.* – 3 *Es gibt viele Rumsorten auf Kuba, doch »Havana Club« ist die bekannteste.*

nen. So wunderte sich kaum jemand darüber, dass Fidel Castro († 2016) 2008 die Macht sozusagen in natürlicher Thronfolge an seinen Bruder Raúl übergab, der erklärte, bis 2018 (dann wäre er 86 Jahre alt) im Amt bleiben zu wollen. Trotz einiger kosmetischer Reformen hält auch General Castro an der autoritären Lenkung von Staat, Wirtschaft und Gesellschaft fest. Grundrechte wie Meinungs-, Versammlungs- und Pressefreiheit existieren in Kuba nicht (laut »Reporter ohne Grenzen« belegte Kuba im Jahr 2013 in Sachen Pressefreiheit mit Rang 171 den letzten Platz in Lateinamerika).

Und weil jegliche Art von unkontrollierter Information und Kommunikation die Staatsmacht schwächen könnte, ist Kuba eine Offline-Insel und die Bevölkerung vom Internet abgeschnitten. Ein flächendeckender privater Internetzugang wäre zwar aufgrund eines Glasfaserkabels zwischen Venezuela und Kuba kein Problem, doch aus politischen Gründen ist er wenigen Privilegierten vorbehalten. Für alle anderen ist das Internet sehr teuer, begrenzt, langsam und de facto inexistent: Eine Stunde in den 120 Internet-Cafés (Cybercafé) der Insel kostet einen ganzen Wochenlohn, sämtliche Bewegungen im Netz werden kontrolliert. Trotzdem gelingt es vielen Dissidenten und Bloggern, über Handyverbindungen ins Ausland Texte zu veröffentlichen, auch wenn ihre Landsleute sie nicht lesen können, denn selbstverständlich zensiert die Regierung auch Webseiten.

Auch beim Thema Menschenrechte sorgt Kuba für düstere Schlagzeilen, wie Amnesty International alljährlich berichtet: Auch 2014 »führt die kubanische Regierung ihre Kampagne der permanenten Einschüchterung und der kurzzeitigen Verhaftungen gegen politische Oppositionelle fort, um zu verhindern, dass diese die Respektierung der bürgerlichen und politischen Rechte fordern«. Individuelle Freiheit und rechtsstaatliche Prinzipien wie die Gewaltenteilung – also die Trennung von Gesetzgebung, Exekutive und Rechtsprechung – existieren de facto nicht. Mithilfe des Gesetzes »Zum Schutz der nationalen Unabhängigkeit« und dem »Gesetz der vorkriminellen gesellschaftlichen Gefährdung« kann jeder Kubaner jederzeit unbegrenzt lange und ohne Gerichtsverfahren inhaftiert und sogar zu einer mehrjährigen Freiheitsstrafe verurteilt werden, ohne jemals eine Straftat begangen zu haben – es reicht, wenn die Behörden »Gefährlichkeit« von ihm erwarten. Wie groß die Angst des Regimes vor freier Meinungsäußerung ist, beweist es immer wieder vor solch großen Events wie beispielsweise einem Papstbesuch oder einem Gipfeltreffen. Dann werden schon im Vorfeld Tausende potenzieller Oppositioneller willkürlich für Stunden, Tage oder Wochen verhaftet. Ansonsten gehören massive Drohungen, Überfallkommandos, physische Beobachtung, Ausgehverbote und andere Schikanen wie Telefonsperren, Entlassung und Beschlagnahme von persönlichem Besitz zum Repertoire, das General Raúl Castro gegen Bürgerrechtler einsetzt.

Der letzte Film …

… erzählt von einer Insel, die vor allem ein Paradies der Widersprüche und Vermischungen ist, auf der Menschen leben, die trotz gewaltiger Probleme die beste Musik der Welt machen. Ein Volk, das spanische Invasoren, Sklaverei, Piraten, Kriege, Aufstände, Putsche, Hurrikans und eine Revolution über sich hat ergehen lassen, ohne seinen Pragmatismus und seinen Mut zu verlieren. Das gastfreundlich und großzügig ist, obwohl es in den letzten Jahrhunderten so gut wie nie nach seiner Meinung gefragt wurde. Der letzte Film erzählt von einer Insel, der man dringend ein besseres Schicksal wünscht.

1 *Unbeschwerte Kindheit auf dem Land?* – 2 *Neuwagen sind unerschwinglich, daher hegen, pflegen und reparieren die Besitzer ihre Schätzchen.* – 3 *Die Königspalme ist das Wahrzeichen Kubas. Zu Kolumbus' Zeiten war es komplett von Palmwäldern bedeckt.*

2

3

UJC

Havanna, die »hässliche Schöne«

Von der Festung El Morro aus gesehen liegt Havanna ausgebreitet am blauen Meer: im Vordergrund die Hafeneinfahrt, das Dächergewirr der Altstadt, der zuckerbäckerweiße Revolutionspalast, die verwaschenen Häuser an der kilometerlangen Uferpromenade Malecón. Dazwischen ein paar Hochhäuser aus den Fünfzigerjahren, die schneeweiße Kuppel des Kapitols und schließlich das altehrwürdige Hotel Nacional – wie ein prächtiger Palast hoch oben auf einen Felsen gebaut.
Aus der Entfernung wirkt die Stadt still wie eine zart kolorierte Stummfilmszene – ein Eindruck, der sich schlagartig ändert, sobald man über den Malecón fährt oder über die 23. Straße. Dröhnende Lastwagen und fauchende Busse schnaufen über die Straße, knatternde Motorräder mit Beiwagen, brummende Oldtimer schieben sich dazwischen. Musikfetzen aus Gettoblastern, Fahrradgeklingel, verschlungene Trommelschläge und laute Stimmen vermischen sich zu dem ganz besonderen Sound Havannas.

Blick von der Festung El Morro auf Havanna.

Kubas Hauptstadt und ihre Umgebung

La Habana Vieja – Prado – Vedado – Miramar – Oststrände

Havanna ist eine Stadt mit vielen Gesichtern: widersprüchlich und magisch, hektisch und beschaulich, gastfreundlich und verschlossen zugleich. Eines jedoch gelingt ihr immer: Sie fesselt. Die »hässliche Schöne« lässt niemanden gleichgültig.
Der kubanische Schriftsteller Alejo Carpentier charakterisierte Havanna als eine Stadt, die einen »Stil des Stillosen« hervorgebracht habe, der sie von anderen Städten des Kontinents unterscheide. Unverwechselbar sei vor allem eine seltsame Konstante im Stadtbild Havannas: »Die unglaubliche Fülle von Säulen in einer Stadt, die ein wahrer Säulenstapelplatz, ein Säulenurwald, eine endlose Kolonnade geworden ist, die letzte Stadt, die Säulen in solcher Überfülle besitzt …« Der Zahn der Zeit, die aggressive Seeluft und die Armut des Landes haben jedoch arg an den Kolonnaden und überhaupt an der Bausubstanz der Metropole genagt. Dass die Revolutionsregierung Anfang der 1960er-Jahre sogar darüber nachdachte, Teile der Altstadt wegen drohender Verelendung abzureißen und durch saubere Neubauten zu ersetzen, ist heute zum Glück nur noch eine Anekdote. Und trotzdem: Die Auswirkungen dieser Hassliebe zwischen Regierung und Hauptstadt sind heute noch immer sichtbar. Unzählige Häuser – nicht nur in Alt-Havanna – sind äußerst baufällig, viele sind schon eingestürzt. Überall steht man fassungslos vor Ruinen, in denen Menschen versuchen zu hausen, sodass der Eindruck entsteht, die Stadt hätte gerade einen heftigen Bombenangriff hinter sich. Daneben, vielleicht nur wenige Meter entfernt, strahlt dann ein frisch renoviertes Kolonialhaus, eine elegante Boutique, ein neues Straßencafé. Auf nur wenigen Metern erlebt man die ganze Palette der Widersprüche, aus denen Havanna besteht.

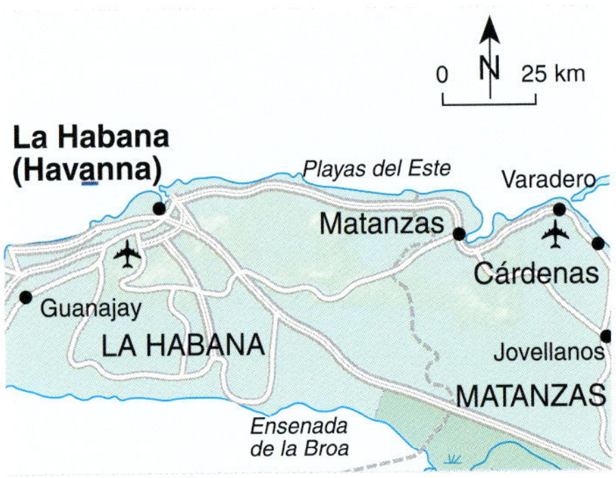

Wechselnde Herren

Wer sich die Mühe macht, kann die spannungsreiche Geschichte dieser Stadt sozusagen auf der Straße nachvollziehen. Die Legende überliefert, die Stadt »San Cristóbal de La Habana« sei am 25. Juli 1519 mit einer heiligen Messe unter dem Ceibabaum nahe der Hafeneinfahrt gegründet worden. Einige Jahrzehnte lang bestand die »Stadt« lediglich aus einigen Hütten, bis der Gouverneur 1552 seinen Sitz von Santiago nach Havanna verlegte. Der natürliche Hafen von Havanna wurde zum Treffpunkt der spanischen Schiffe, die Gold, Silber und Gewürze aus den neuen Kolonien in Lateinamerika nach Spanien transportierten. Zu ihrem Schutz wurde im Jahr 1558 die Festung Castillo de la Real Fuerza gebaut, eine der ältesten Festungsanlagen in Lateinamerika. Sie allein konnte allerdings die junge Kolonie nicht vor Piratenüberfällen schützen, weshalb kurze Zeit später mit dem Bau von zwei weiteren Festungen begonnen wurde: El Morro und La Punta.
Bis zum 17. Jahrhundert war Havanna nichts weiter als ein Zwischenlager für Waren, allerdings mit einer wichtigen strategischen Position: Im Wappen der Stadt deuten drei Türme und ein Schlüssel an, dass sie das »Tor zur Neuen Welt« war.
Anfang des 18. Jahrhunderts avancierte Havanna zur drittgrößten Stadt der Neuen Welt – 1723 begannen große Werften Fregatten für die spanische Handels- und Kriegsflotte zu bauen. Mit der Gründung der Universität 1728 und der Installierung einer Buchpresse 1735 entwickelte sich auch das kulturelle Leben.
Die Stadtmauer und die drei Festungen konnten nicht verhindern, dass Havanna 1762 von den Engländern erobert und besetzt wurde. Die englische Besatzung sollte sich jedoch als außerordentlich wohltu-

1 *Das Kapitol in Havanna ist eine originalgetreue Kopie des Originals in Washington – über Jahrzehnte ein Sinnbild für die Machtverhältnisse auf Kuba.* – 2 *Serenade zum Sonnenuntergang auf dem Malecón, ein tägliches Ritual.*

1

2

1

2

end für die Insel auswirken, die bis dahin im Knebelgriff der spanischen Krone gelebt hatte. Es entwickelte sich ein überaus reger Handelsaustausch zwischen Kuba und Nordamerika. Allerdings tauschten die Engländer nach nur einem Jahr Havanna gegen Florida ein, und Spanien setzte seine Kolonialherrschaft über Kuba fort. Um ihre neue alte Macht zu sichern, ließen sie gleich neben der von den Engländern niedergebrannten Festung El Morro eine weitere, sehr aufwendige Schutzanlage errichten: La Cabaña. In den ersten Jahren nach der Revolution erlangte La Cabaña traurige Berühmtheit als berüchtigtes Gefängnis, in dem unter der Verantwortung Che Guevaras Militärtribunale mit standrechtlichen Erschießungen gegen »konterrevolutionäre Gefangene« durchgeführt wurden.

Paläste über Paläste

Während seiner Regierungszeit entwickelte der spanische Generalkapitän Felipe de Fondsdevilla eine rege Bautätigkeit. Er ließ einige Paläste und Plätze anlegen, die heute zu den schönsten Havannas gehören: den Waffenplatz (Plaza de Armas), den Platz der Kathedrale (Plaza de la Catedral), den Palast der Generalkapitäne (Palacio de los Capitanes Generales) und den Palacio del Segundo Cabo. Als Spanien die Handelsvorschriften lockerte, spiegelte sich der neue Reichtum der Zucker- und Tabakpflanzer auch schnell in der Stadt wider. Prächtige Avenidas wie der Paseo del Prado wurden angelegt, elegante Herrenhäuser entstanden außerhalb der engen Altstadt, und El Coliseo, das erste Theater, wurde 1776 eingeweiht. Zur Zeit der Französischen Revolution schließlich wurde auch Havanna »erleuchtet«: Die erste Straßenbeleuchtung erhellte ab 1791 die Hauptstraßen.

Die reiche Stadtbevölkerung hielt wenig von Unabhängigkeitsbestrebungen und Befreiungskriegen. Da sie von der Sklaverei profitierte, hielt sie die bestehende Ordnung für gottgewollt. Allerdings hatten die wohlhabenden Zuckerbarone und das städtische Bürgertum wenig Mühe, sich mit den Regeln des »american way of life« anzufreunden, die nach dem Einzug der Amerikaner in Havanna am 1. Januar 1899 die Stadt prägen sollten. Über der Morro-Festung flatterte das Sternenbanner, bis Kuba 1902 offiziell unabhängig wurde – zumindest von Spanien. Politisch, wirtschaftlich, militärisch und kulturell gaben nun die US-amerikanischen Militärgouverneure den Ton an, das Präsidentenkarussell drehte sich, die Hauptstadt wurde abwechselnd von Krisen, Streiks und Militäreinsätzen erschüttert. Gleichzeitig entstanden neue Stadtviertel – amerikanische und kubanische Millionäre bauten sich ihre Villen im westlichen Vorort Miramar. 1901 hatte man begonnen, die Altstadt und die neuen Stadtteile mit der Uferpromenade Malecón zu verbinden, 1926 waren die Bauarbeiten endlich beendet – und Havanna verfügte über eine

1 *Havanna ist die »Stadt der Säulen«, hier am Platz der kleinen, aus Muschelkalk gebauten Kathedrale in Alt-Havanna.* – 2 *Christoph Kolumbus im Patio des früheren Gouverneurspalasts, heute das Stadtmuseum.* – 3 *Viele Kolonialhäuser warten auf ihre Restaurierung.* – 4 *Etwa 50 000 Straßenkreuzer aus den* Roaring Fifties *zuckeln über Kubas Straßen.* – 5 *Spanisches Erbe: kostbare Kacheln an einer Hausfassade in Alt-Havanna.*

weitere Attraktion. Präsident Machado weihte 1929 schließlich auch das Capitolio ein, eine getreue Nachbildung des Washingtoner Vorbilds und ein sinnfälliges Symbol für die tatsächlichen Machtverhältnisse in Havanna und auf der ganzen Insel. In den Vierziger- und Fünfzigerjahren wetteiferten die Mafia-Bosse à la Meyer-Lanski mit der Konkurrenz, wer die höchsten und elegantesten Hoteltürme baut (die Hotels »Capri« und »Riviera«),

1

Spielkasinos, Bordelle und Cabarets schossen aus dem Boden, und die feine Gesellschaft traf sich in feudalen Country-Clubs. Doch der Kampf von Fidel Castros »Bewegung des 26. Juli« in den fernen Bergen der Sierra Maestra fand allmählich auch Widerhall in der Hauptstadt, und spätestens ab 1958 reagierte Diktator Batista darauf mit zunehmendem Terror auf den Straßen. Am 8. Januar 1959 zog die siegreiche Rebellenarmee in Havanna ein – nach einem Triumphzug durch das ganze Land, jubelnd begrüßt von Hunderttausenden Menschen.

Viele elegante Stadthäuser in Vedado und herrschaftliche Villen in Miramar, deren Besitzer größtenteils nach Miami geflohen waren, wurden nach der Revolution enteignet und in Kindergärten, Schulen oder Studentenwohnheime verwandelt. Die neue Regierung ließ Bordelle und Spielkasinos schließen, allerdings auch viele Musikklubs und Kneipen, kleine Handwerksbetriebe und Geschäfte. Östlich von Havanna entstand in Alamar ein riesiger neuer Stadtteil im tristen Plattenbaustil, der die Wohnungsnot lindern sollte. Doch das letzte Vierteljahrhundert der Dauer-Wirtschaftskrise hat auch im Stadtbild allerorten deutliche Spuren hinterlassen: Überall fehlt es an Farbe und Baumaterialien, die Straßen sind voller Schlaglöcher und die Kanalisation ist hoffnungslos veraltet.

Trotzdem spürt man deutlich den Überlebenswillen dieser Stadt, und seit diverse, wenn auch eher kosmetische Wirtschaftsreformen auch Privatinitiative zulassen, ist das Straßenleben bunter geworden. Die Habaneros können wieder auf Märkten (*agromercados*) einkaufen – allerdings zu gesalzenen Preisen, und der Schwarzmarkt sowie die Schattenwirtschaft haben stark zugenommen.

La Habana Vieja – die Altstadt

Das alte Havanna sei »ein bewohnbares Tier, eine verzauberte Schnecke«, schwärmte der kubanische Schriftsteller Manuel Pereira. Dabei sah es in den 1970er-Jahren tatsächlich so aus, als würde die Altstadt Havannas, ein einzigartiges Ensemble kolonialer Bauten, unaufhaltsam verfallen. Doch zum Glück deklarierte die UNESCO 1982 La Habana Vieja zum »Kulturerbe der Menschheit« und unterstützte die umfangreiche Restaurierung der Altstadt mit allerdings kaum ausreichenden finanziellen Mitteln. Viele Straßenzüge wie die Gegend um die Calle Obispo, den Hafen und die Plaza Vieja präsentieren sich heute wieder in alter Pracht. Traditionsreiche Geschäfte wie die berühmte Bäckerei »Panadería San José«, eine Kräuterapotheke, die »Casa del Café«, das Hotel »Ambos Mundos« oder die »Lonja del Comércio« und die Basílica de San Francisco de Asís wurden aufwendig und detailgetreu restauriert.

Die eindrucksvollen Prachtbauten wie der Palast der Generalkapitäne an der Plaza de Armas (heute das Stadtmuseum), das Kloster Santa Clara (heute Hotel und Tagungsort) und die Stadtpaläste am Kathe-

1 *Einer der schönsten Plätze Havannas ist die Plaza Vieja.* – 2 *Das Leben findet auf der Straße statt, auch in den Altstadtgassen in der Nähe des Kapitols.* – 3 *Allgegenwärtig: die Polizei sowie das Konterfei von Che Guevara (in diesem Fall gekrönt von einem Stoppschild).*

2

3

1

2

dralsplatz sind allein Grund genug, ausgiebig durch die schmalen Straßen der Altstadt zu bummeln und die kunstvolle koloniale Architektur im Detail zu betrachten. Wer aufmerksam ist, kann immer wieder Neues entdecken – hier ein kunstvoll geschmiedetes Fenstergitter, dort die typischen halbhohen Schwingtüren im Eingang eines Cafés, ein halbkreisförmiges buntes Glasfenster, ein eisernes Damenschühchen als Türklopfer – und überall verwunschene Patios, grün bewachsene Innenhöfe, schattig und ruhig. Ein großer Teil des Lebens findet auf der Straße statt – nur zu verständlich, denn hinter vielen der alten Fassaden verbergen sich dunkle, stickige Wohnungen, in die schon im 19. Jahrhundert Zwischendecken eingezogen wurden, um mehr Menschen Platz zu bieten. Einen ganz anderen Lebensstil dagegen verkörpern etwa die eleganten Räume des Museo de Arte Colonial, einst der Palast des Grafen von Bayona, am Platz der Kathedrale; zwischen kostbaren Möbeln, goldverzierten Spiegeln und hauchdünnem Porzellan fühlt man sich wie ein kreolischer Zuckerbaron. Eine Tradition aus der Kolonialzeit ist auch der rituelle Kanonenschuss um neun Uhr abends: In der Cabaña-Festung marschieren Soldaten in historischen Uniformen zum Wachwechsel auf und geben jenen Schuss ab, der in früheren Zeiten das Signal zum Schließen der Stadttore war und nach dem heutzutage die Habaneros ihre Uhren stellen.

Rund um den Prado

Den westlichen Rand der Altstadt überragt die weiße Kuppel des Capitolio. In dem spöttisch als »Torte« bezeichneten Monumentalbauwerk, in dem einst Senat und Parlament ihren Sitz hatten, ist seit der Revolution die Akademie der Wissenschaften untergebracht. Gleich daneben treffen sich die Habaneros auf den Bänken des palmenbestandenen Parque Central zum Reden, Diskutieren und Handeln, denn der kleine Park mit der Statue von José Martí ist auch ein Schwarzmarktzentrum. Ganz in der Nähe liegt Havannas erstes Luxushotel »Inglaterra« (Ende des 19. Jahrhunderts), dessen Foyer beeindruckende Jugendstilelemente aufweist. Kulturfreunde kommen im 1838 errichteten Theater »García Lorca«, auch Gran Teatro oder Teatro de La Habana genannt, mit seiner von Türmchen gekrönten üppig dekorierten Fassade auf ihre Kosten. Hier treten nicht nur die Elitetänzer des Kubanischen Nationalballetts auf, hier finden auch die Aufführungen der Kubanischen Staatsoper statt. Für Eintrittskarten stehen die Habaneros stundenlang Schlange. Die Verbindung zwischen Parque Central und der Uferpromenade ist der breite Prachtboulevard Paseo de Martí, im Volksmund »Prado« genannt, unter dessen Bäumen einst die feine Gesellschaft flanierte und Freiluftkonzerten lauschte. Die ehemals prächtigen Häuserfassaden sind zwar längst nicht alle restauriert, doch ahnt man noch etwas von dem eleganten Glanz, den diese, den Ramblas in Barcelona nachempfundene Prachtstraße, einmal besaß. Der Besuch des aufwendig renovierten Luxushotels »Sevilla« ist einfach ein Muss – von seinem Dachrestaurant hat man einen atemberaubenden Blick über die Stadt. Gleich um die Ecke zeigt das Nationalmuseum (Museo Nacional) im Palacio de Bellas Artes eine Dauerausstellung der bedeutendsten kubanischen Maler, und etwas weiter südlich in Richtung Meer thront der ehemalige Präsidentenpalast, der einst den kubanischen Präsidenten als Regie-

3

1 *Kostbarer Marmor, Goldstuck und Deckenmalereien in den Hallen des Kapitols, das von 1929 bis 1959 als Sitz des Senats diente.* – 2 *Die Kuppel des Kapitols ist 91 m hoch. Genau in der Mitte des Raums markiert ein 24-karätiger Diamant den Kilometer 0 der Autobahn von Havanna nach Santiago, ein Einfall des Diktators Machado.* – 3 *In Havanna trifft man auf viele Straßenkünstler und manchmal auch auf Clowns.*

rungssitz diente – inzwischen ist in den Räumen das Revolutionsmuseum untergebracht. Auch die Jacht »Granma«, mit der Fidel Castro, Che Guevara und die Rebellen 1956 von Mexiko nach Kuba übersetzten, ist neben dem Gebäude zu sehen – hinter Glas, von einem Soldaten bewacht.

Vedado – das Herz Havannas

Links und rechts von der 23. Straße – im Volksmund und auf Straßenschildern mit La Rampa bezeichnet – breitet sich das Viertel Vedado aus, das moderne und quirlige Zentrum Havannas. Die breite »Rampa« ist die Hauptschlagader der Stadt und führt kilometerlang mit sanftem Schwung zum Malecón und zum Meer. Direkt an der »Rampa« oder in den Seitenstraßen findet man Büros von Fluggesellschaften, Kinos, Restaurants, Bars, Hotels, Bushaltestellen, ein skurriles Denkmal für Don Quijote, ein Teehaus (»Casa de Infusiones«), Radio- und Fernsehstationen – und den berühmten Speiseeispalast »Coppelia« aus dem Film »Erdbeer und Schokolade«. Auch das monumentale neoklassizistische Hotel »Nacional« steht in Sichtweite der »Rampa«. In den Vierziger- und Fünfzigerjahren traf man hier Al Capone und Lucky Luciano beim Poker und so manchen Hollywood-Filmstar am Pool. Von der nagelneuen klimatisierten Cafeteria des Hotels »Habana Libre« hat man den besten Blick auf die Straßenkreuzung »23 y L«, wo halb Havanna sich am Abend verabredet.

Vedado ist heute das urbane Herz der Stadt, sein Name (*vedado* heißt »verboten«) deutet auf den Wald hin, der hier früher stand und in dem kein Baum gefällt werden durfte. Doch als Havanna im 19. Jahrhundert aus allen Nähten platzte, bauten sich die ersten reichen Bürger auf dem Hügel ihre Villen. Bei einem Spaziergang durch die noch immer baumbestandenen Nebenstraßen der »Rampa« sieht man Häuser im Pseudo-Kolonialstil, Stadtvillen und Mietshäuser in einem bunten Stilmix, an denen die Zeit nicht spurlos vorübergegangen ist.

Der Friedhof Colón, hintersinnigerweise nach dem Entdecker Kolumbus benannt, auf der Grenze zwischen Vedado und dem Stadtteil Plaza de la Revolución, ist mit etwa 800 000 Gräbern und fast 100 000 Grabdenkmälern einer der größten und schönsten Friedhöfe Lateinamerikas. Die Totenstadt aus weißem Marmor vereint Reich und Arm. Die Helden der Unabhängigkeitskriege und der Revolution, berühmte Dichter, Intellektuelle (Alejo Carpentier, Nicolás Guillén, José Lezama Lima) und Musiker (wie die Buena-Vista-Heroen Rubén González und Ibrahím Ferrer) haben hier ihre letzte Ruhestätte gefunden.

1 *Die Revolution im Museum – zu besichtigen im ehemaligen Palast des Diktators Batista.* – 2 *Viele Kinder und Jugendliche träumen davon, Spitzensportler zu werden.* – 3 *Eine fast lebensechte Ikone: Che Guevara als Wachsfigur im Revolutionsmuseum in Havanna.* – 4 *Der baumreiche Stadtteil Vedado ist seit den 1950er-Jahren das »moderne« Herz Havannas, angenehm auf einem Hügel gelegen.* – 5 *Mit fast 100 000 Grabmalen und zahllosen sahneweißen Marmor-Engeln ist der Cementerio Cristóbal Colón eine der größten Totenstädte Lateinamerikas und unbedingt einen Besuch wert.*

1

2

Nicht weit vom Friedhof Colón liegt die Plaza de la Revolución, weithin erkennbar an dem in den Himmel ragenden Obelisken und dem 105 Meter hohen Denkmal für José Martí – die beide vor der Revolution gebaut wurden. Meist liegt der Platz menschenleer in der Sonne, nur am 1. Mai oder bei offiziellen Feierlichkeiten wird es hier richtig voll. Rund um den Platz befinden sich diverse Ministerien, das Zentralkomitee der allmächtigen Kommunistischen Partei Kubas, das Nationaltheater (mit seiner Bolero-Bar »Delirio Habanero«) und die Nationalbibliothek.

Miramar und Marina Hemingway

Der Villenvorort Miramar ist eine ruhige grüne Oase im Vergleich zur engen Altstadt und zum eher hektischen Vedado – die meisten Villen stehen in großen Gärten. Doch auch Miramar hat seine Rennstrecke: Die Quinta Avenida, eine Anspielung auf die Fifth Avenue in New York, ist die Verlängerung des Malecón und führt in westlicher Richtung stadtauswärts. Viele Villen und herrschaftliche Wohnhäuser wurden dort in den letzten Jahren von ausländischen Firmen gekauft; elegante Restaurants und noble Boutiquen liegen mitunter versteckt in den Seitenstraßen. Ein Orientierungspunkt ist das monumentale Hochhaus der ehemaligen sowjetischen Botschaft, daneben der größte Devisen-Supermarkt Havannas.

Seit März 2003 defiliert jeden Sonntag nach der katholischen Messe in der Kirche Santa Rita eine kleinere oder größere Gruppe von weiß gekleideten Frauen im Schweigemarsch, jede eine Gladiole in der Hand, über die Quinta Avenida in Miramar. Diese »Damas de Blanco«, »Frauen in Weiß« bilden die bekannteste Gruppe von Menschenrechtsaktivistinnen Kubas. Gegründet während der Verhaftungswelle im schwarzen Frühling 2003, protestierten die »Damas« gegen die Verhaftungen ihrer Ehemänner und Familienangehörigen, und seit deren Freilassung fordern sie mit rein friedlichen Mitteln die Respektierung der Menschenrechte in Kuba, doch dafür werden sie häufig angegriffen und verprügelt.

Noch weiter nach Westen liegt die Marina Hemingway, ein Frei- und Jachthafen mit einem leicht verwitterten touristischen Komplex, vier jeweils einen Kilometer langen Kanälen, einem Hotel, Restaurants, Cafés, Tennisplätzen und Boutiquen. Hier finden die alljährlichen Angelwettbewerbe »Curican« (im April), »Marlin« (im Mai, zu Ehren Hemingways) und »Blue Marlin« (im August) statt.

Auf den Spuren Hemingways

Die Kubaner haben ihren »Papa Hemingway« längst zu einer Art Nationalheiligen erklärt: Sie taufen Restaurants, Jachthäfen, Fischrezepte und Cocktails auf seinen Namen und widmen ihm Hochsee-Angelturniere.

Die Leidenschaft für das Fischen von Marlins führte den amerikanischen Schriftsteller (1899–1961) 1928 zum ersten Mal nach Kuba. Auch als er in Key West lebte, kam er immer wieder auf die Insel, um Schwertfische zu angeln.

In einem düsteren Zimmer des Hotels »Ambos Mundos« (Calle Obispo/Ecke Calle Mercaderes) verbrachte Hemingway 1939 ein paar Monate; hier schrieb er an seinem Roman *Wem die Stunde schlägt*, der vom Spanischen Bürgerkrieg handelt.

1 *In Centro-Habana liegt die Sackgasse Callejón de Hamel, ein Zentrum afrokubanischer Kultur. Sonntags finden hier Tanz- und Musikvorführungen statt.* – 2 *Ruhepause am Malecón.* – 3 *Die Iglesia de Jesús de Miramar in Havanna ist die zweitgrößte Kirche Kubas.*

Als der ehemalige Zimmerkellner mehr als zwanzig Jahre später von Hemingways Tod erfuhr, wischte er den kleinen Schreibtisch sauber und zog die Bettlaken glatt – das Zimmer Nummer 511 wurde fortan nicht mehr an Gäste vermietet und vor einigen Jahren in ein Mini-Museum verwandelt.
Hemingways wirkliches Zuhause waren jedoch zwei Kneipen in Alt-Havanna: die »Bodeguita del Medio« und das »El Floridita«. In der »Bodeguita« soll er spätestens mittags aufgetaucht sein, um jenen Cocktail zu trinken, der die Kneipe weltberühmt machte: Mojito, eine Mischung aus weißem Rum, Zucker, Eiswürfeln, Wasser und Minzeblättchen. Nachmittags trank er in der »Floridita« weiter, allein oder mit Freunden – mehr als ein Dutzend »Daiquirí à la Papa«: weißen Rum mit gestoßenem Eis, Limonensaft und einem Spritzer Maraschino.
Mit 9000 Büchern, vier Hunden, 54 Katzen und unzähligen Jagdtrophäen zog Hemingway 1940 auf seinen neu erworbenen Landsitz, die Finca Vigía in San Francisco de Paula. Heute ist sie ein Museum, und die Räume erwecken den Eindruck, als käme der Schriftsteller gleich zurück.
Im Fischerdörfchen Cojímar lag seine Motorjacht, auf der er zwischen den Cayos herumschipperte, die Einsamkeit und den Whisky genoss. Danach saß er stundenlang in der Kneipe »La Teraza«, kippte unzählige Drinks und hörte den Erzählungen der Fischer zu. Seinen Roman *Der alte Mann und das Meer* (1952) widmete Hemingway seinen Freunden aus Cojímar. Nach seinem Selbstmord im Juli 1961 beschlossen die Fischer, ihm ein Denkmal aus Bronze zu setzen. Da das Material wegen der US-Blockade in Kuba knapp war, schleppten sie die Schiffsschrauben ihrer Boote zum Einschmelzen an. Genau ein Jahr nach Hemingways Tod weihte man gegenüber den Docks in Cojímar die »Plaza Hemingway« mit der Statue des Schriftstellers ein. Seine Finca Vigía vermachte Hemingway testamentarisch dem kubanischen Volk.

Havannas Badewanne – die Oststrände

Nur 20 Kilometer von Havanna Richtung Osten beginnt das karibische Strandparadies: Die Playas del Este locken mit feinstem weißem Sand und klarem Wasser. Kleine Badeorte wie Bacuranao, Mégano, Boca Ciega, Guanabo, Jibacoa und Arroyo Bermejo haben mittlerweile eine minimale touristische Infrastruktur, doch die Perle der Oststrände ist seit Jahren das Örtchen Santa María del Mar. Hier gibt es auch die meisten Wassersport-Angebote. Die Playas del Este sind ein beliebtes Naherholungsgebiet von Havanna und können an den Wochenenden oder während der kubanischen Ferien im Juli und August sehr voll werden.

Blühendes Pflanzenparadies

Genau in entgegengesetzter Richtung, über die südliche Ausfallstraße Avenida de la Independencia, erreicht man den Botanischen Garten (Jardín Botánico) von Havanna südlich des Leninparks, eines fast 700 Hektar großen Freizeitareals. Im Botanischen Garten mit seinem japanischen Garten, seinen alten Bäumen und unzähligen tropischen und subtropischen Gewächsen kann man sich vom Trubel der kubanischen Hauptstadt erholen.

1 *Das ganze Jahr über kann man in den Blumengärten Kubas eine üppige Blütenpracht bewundern.* – 2 *Kubas großer Reichtum sind die mehr als 300 Strände auf der Hauptinsel und den zahllosen kleinen Cayos.* – 3 *Kitesurfen im badewasserwarmen türkisfarbenen Meer …*

2

3

Capitolio
de la Habana
recorridos
turisticos
eventos
convenciones
La Logia
cafetería restaurante

Streng bewacht und bei Touristen sehr beliebt: das Kapitol in Havanna, heute Sitz der Akademie der Wissenschaften. Auch das geologische Museum ist hier untergebracht sowie ein Cyber-Café, in dem man gegen Devisen sehr eingeschränkt im Internet surfen kann.

Seite 62/63
1 *Auch am Prado in Havanna ist Spielen nicht verboten, denn Kuba ist ein sehr kinderfreundliches Land.* – 2 *Vor dem Kapitol kann man sich mit einer antiken Kamera fotografieren lassen.* – 3 *Eine Fahrt mit einem Oldtimer ist ein Highlight bei einem Havanna-Besuch.* – 4 *Wer sich in der Santería-Religion einweihen lässt, soll mindestens im ersten Jahr nur weiße Kleidung tragen. Deshalb sieht man viele weiß gekleidete Menschen.* – 5 *Die besten Zigarren kommen aus Kuba – und werden hier auch geraucht.*

1

2

3

4

5

»Nie sah ich ein schöneres Land noch freundlichere Menschen«, schrieb Kolumbus, nachdem er auf Kuba gelandet war. Die puderzuckerweißen Traumstrände dürften den Seefahrer nicht so sehr fasziniert haben, anders als die meisten heutigen Besucher der Insel.

Seite 66/67

1 *Vor allem Havanna ist ein Paradies für Oldtimer-Fans (und alle, die es werden wollen). Der Parkplatz vor dem Hotel Inglaterra ist für die betagten Karossen reserviert, denn von hier aus kann man eine standesgemäße Stadtrundfahrt unternehmen.* – 2 *Eine Rarität: Blasslila ist eine äußerst seltene Farbe bei den Oldtimern Kubas.* – 3 *Vorherrschend sind eher rote, grüne und blaue Lackierungen. Sehr viele Oldtimer werden mehr oder weniger offiziell als Taxis angeboten.* – 4 *Ohne Oldtimer und Uralt-Ladas wäre das Transportproblem noch gravierender.*

1

2

3

4

Im Reich des Regenbogens

Der westliche Teil Kubas ist ein Paradies für Naturliebhaber und Zigarrenfans: Nur einen Katzensprung von Havanna entfernt locken die Sierra del Rosario (ein Biosphären-Reservat der UNESCO) und der Nationalpark La Güira mit tropischer Pflanzenpracht, heilenden Quellen und der größten Orchideenzucht Kubas. Unterirdische Flüsse haben unzählige bizarre Höhlen in den weichen Kalksandstein gegraben, doch auch über der Erde hat sich die Natur nördlich der Provinzhauptstadt Pinar del Río eine Menge einfallen lassen: Die berühmten Kalkfelsen in Kegelform – »mogotes« genannt – ragen aus der vollkommen flachen, grünen Ebene und geben der Landschaft einen unwirklichen Touch, als hätte ein chinesischer Zeichenkünstler sie mit Tusche aufs Papier geworfen. Und im Dreieck zwischen Pinar del Río, San Luís und San Juan y Martínez wächst grün-silbrig schimmernd der weltbeste Tabak.

Die mit Palmstroh gedeckten Holzhäuser (bohíos) haben dem tropischen Regenguss im Viñales-Tal tapfer standgehalten, ihre Bewohner werden mit einem Regenbogen belohnt.

Der Westen – Zentrum des Tabakanbaus

Vuelta Abajo – Cayo Levisa – Cayo Largo – Isla de la Juventud

Hauptattraktion des Dorfes Soroa in der Sierra del Rosario, 7 Kilometer von der Autopista Nacional entfernt, sind die über 700 Orchideenarten, die hier seit 1943 gezüchtet werden. Knapp ein Drittel davon ist seit jeher in Kuba heimisch. Zum Botanischen Garten gehören noch 25 000 weitere Pflanzenarten: Im Frühjahr, wenn alles blüht, fühlt man sich hier wie im Garten Eden. Ein Bad im Wasserfall von Soroa (»El Salto«) ist paradiesisch. Rund 30 Meter stürzt das glasklare Wasser in ein Bassin und projiziert einen permanenten Regenbogen, dem der Ort seinen Beinamen »der Regenbogen Kubas« verdankt. In dieser verwunschenen Landschaft geht es beschaulich zu. Dörflich-verschlafen präsentieren sich die kleinen Orte wie San Andrés oder San Diego de los Baños. Ihre Besonderheiten erkennt man erst auf den zweiten Blick: In San Andrés hat der gleichnamige Fluss im Lauf der Jahrtausende ein Höhlensystem ausgewaschen, das den früher hier lebenden Indianern als Unterschlupf diente – auch Che Guevara soll sich einmal dort versteckt haben. San Diego de los Baños wiederum ist stolz auf die nahen Templado-Quellen. Man wurde auf ihre Wirkung aufmerksam, als ein leprakranker Sklave nach einem Bad in den Quellen überraschend geheilt war. Über San Diego erreicht man den Nationalpark La Güira, der mit einer Fülle exotischer Bäume und Pflanzen überrascht. Den Eingang zum Park ziert ein burgartiges Tor, das der Landbesitzer Cortina vor der Revolution errichten ließ.

Provinzieller Charme: Pinar del Río

Gemächlich geht es auch in der Provinzhauptstadt Pinar del Río zu. Das verträumte Städtchen mit seinen Holzhäusern ist in den letzten Jahren zwar durch den Tourismus etwas bekannter geworden, doch Hektik ist hier nach wie vor ein Fremdwort. In der weiten Schwemmlandebene lebte vor Ankunft der Spanier das Indianervolk der Guanahatabeyes, das sich hartnäckig weigerte, für die neuen Herren Frondienste zu verrichten und daraufhin ausgerottet wurde. Die 1571 gegründete Stadt wuchs erst im 18. Jahrhundert nennenswert. Tabakbauern aus Havanna ließen sich hier nieder, um das Tabakmonopol der spanischen Krone zu umgehen und über den Hafen La Coloma ungestört Schmuggelhandel zu treiben. Auf der Hauptstraße, der Calle Martí, herrscht tagsüber reges Leben. Pinar del Río hat keine herausragenden Sehenswürdigkeiten zu bieten, doch kann man durch die Säulengänge der Calle Martí spazieren und einen Blick auf das Teatro Milanés werfen, das im Jahr 1845 feierlich eingeweiht wurde. Überraschend und skurril wirkt zwischen den einfachen Holzhäusern der Stadt auch der Palacio Guasch mit seinen griechischen Säulen und Art-déco-Fragmenten.

1 *Hier wächst der beste Tabak der Welt: das Tal von Viñales.* – 2 *Die Tabakbauern wohnen direkt auf ihren Feldern in traditionellen Häusern.*

1

2

1

2

Tabak erster Güte

Die kurze Autofahrt von Pinar del Río nach Norden in Richtung Viñales ist ein Erlebnis: Wie Spielfiguren auf einem Schachbrett ragen die grün überwucherten Kalksteinkegel, die »mogotes«, aus der Ebene empor. Die »Elefantenrücken« oder »Zeigefinger eines Riesen«, wie diese bizarren Felsen scherzhaft genannt werden, sind gut 160 Millionen Jahre alt. Von Oktober bis Mai schimmern zwischen ihnen silbriggrün Tabakpflanzen in der Sonne. Auf den Feldern sieht man hier und da palmstrohgedeckte *bohíos* und die kleinen Tabakschuppen, in denen die Blätter getrocknet und fermentiert werden.
Das Herz dieser vollkommen vom Tabak geprägten Gegend ist Viñales, ein verschlafenes Dörfchen, das eigentlich nur aus einer ruhigen Hauptstraße und einer kleinen Plaza mit Kirche aus dem 19. Jahrhundert besteht.
Einer der »mogotes« in der Nähe von Viñales diente einem Künstler als Riesenleinwand: Im Valle de las dos Hermanas wurde der gleichamige Felsklotz mit Motiven aus der Evolutionsgeschichte des Menschen bemalt (Mural de la Prehistoria). Der verführerische Duft nach gegrilltem Spanferkel dagegen ist durchaus von dieser Welt – neben der gemalten Vergangenheit lockt ein Restaurant mit dem Lieblingsgericht der Kubaner vom Holzkohlegrill.
Wenn man in Richtung San Vicente weiterfährt, gelangt man zum Mogote de Rubustiano und kurz darauf zur Cueva de San Miguel, einer zur Diskothek umgebauten Höhle.
Eine andere Höhle, die 1600 Meter lange Cueva del Indio, wurde erst 1920 entdeckt. Diese Tropfsteinhöhle hat mehrere Säle, in denen etliche präkolumbische Kultgegenstände gefunden wurden. Etwas weiter, beim Motel Rancho San Vicente, sprudeln schwefel- und eisenhaltige Quellen aus dem Boden – eine Wohltat für Menschen, die an Arthritis, Rheuma oder Hautkrankheiten leiden.

Vuelta Abajo und die Westspitze

Südwestlich von Pinar del Río dehnt sich das Tabakland von Vuelta Abajo mit den beiden Zentren San Luís und San Juan y Martínez aus. Beim Namen »Vuelta Abajo« schlägt das Herz jedes Zigarren-Liebhabers höher. Im Dreieck zwischen Pinar del Río, San Luís und San Juan y Martínez wächst der beste und teuerste Tabak der Welt. Es ist die einzige Region Kubas, in der Deckblatt-, Umblatt- und Einlage-Tabake in höchster Qualität gedeihen. In Vuelta Abajo herrscht ein besonderes Mikroklima, das zusammen mit dem fruchtbaren roten Boden das Wunderelixier für das süße, erdige Aroma der Tabakblätter ergibt.
Es dauerte eine ganze Weile, bis der Wert der merkwürdigen Pflanzen erkannt wurde; den ersten Europäern, die auf Kuba landeten, war er jedenfalls nicht

1 *Der kubanische Künstler González Morillo malte eine 180 m lange Evolutionsgeschichte auf eine Felswand bei Viñales (Mural de la Prehistória).* – 2 *Viele Höhlen in Pinar del Río wurden als Verstecke benutzt.* – 3 *Ohne Pferd kommt man nicht weit im Tal von Viñales.* – 4 *Die indianischen Ureinwohner Kubas lebten in diesem Teil Kubas in Höhlen (nachgestellte Szene).* – 5 *Ein stolzer Tabakbauer zeigt einen Teil seiner Ernte.*

klar, schließlich suchten die Spanier nach Gold und interessierten sich nicht für lappige Blätter. Kolumbus ließ das Landesinnere erkunden, woraufhin man ihm entsetzt berichtete, man befinde sich im »Land der Schornsteinmänner«. Die Wilden hätten ein braunes Rohr im Mund, das an einem Ende brannte; sie schienen daraus zu trinken und rauchten anschließend aus Mund und Nasenlöchern. Doch die Sitte des »Nebeltrinkens« breitete sich rasch in Europa aus, und nur wenige Jahre nach der Entdeckung der Neuen Welt sollten aus den einfachen Tabakblättern riesige Vermögen entstehen. Besonders die teuren Zigarren galten bei Adel und Bürgertum als Symbol für Eleganz, Reichtum und Erfolg.

Die spanische Krone verpflichtete die kubanischen Tabakpflanzer – meist Einwanderer aus Spanien – über Jahrhunderte, ihre kostbaren Kunstwerke ausschließlich an die Krone zu von ihr festgelegten Preisen zu verkaufen. Ein Aufstand der Tabakbauern im 18. Jahrhundert wurde von Kolonialtruppen blutig niedergeschlagen. Erst als die selbstbewussten Bauern aus Pinar del Río streikten und ihre Felder brachliegen ließen, hob die Krone 1817 das Tabakmonopol auf. Dreißig Jahre später hatte der Tabak die Kaffeebohne als zweitwichtigsten Exportartikel nach dem Zucker abgelöst.

Wie mühselig es ist, Tabakpflanzen in höchster Qualität zu ziehen, weiß man in Vuelta Abajo nur zu gut. Sie braucht Licht, verträgt jedoch keine direkte Sonneneinstrahlung, weshalb die Tabakfelder zum Schutz vor der sengenden Sonne mit weißer Gaze abgedeckt werden, als wären es gigantische Betten für müde Riesen … Wichtig sind Feuchtigkeit, allerdings nicht zu viel, Wärme, aber keine Hitze, luftige und kühle Nächte, aber kein zu starker Temperaturabfall. Immer wieder muss sie von Unkraut und Ungeziefer befreit werden. Und dennoch konnte Alejandro Robaina, der beste Pflanzer Kubas, eine neue Marke präsentieren: Die »Robaina«, eine edle Havanna, konkurriert nun mit berühmten Namen wie »Romeo y Julieta«, »Cohiba«, »Partagas«, »H. Upman« und »Montecristo«. Wenn »República de Cuba, hecho en Cuba« auf der Banderole steht, hält man also eine der jährlich drei Millionen echten kubanischen Havannas zwischen den Fingern.

Natur pur im südwestlichen Zipfel

In der letzten Schwanzspitze des Krokodils versteckt sich die einsame Halbinsel Guanahacahibes, eines der größten Naturschutzgebiete Kubas und 1987 von der UNESCO zum Biosphärenreservat deklariert. In den Wäldern und Mangroven der Halbinsel leben Leguane, große Baumratten (*jutías*), Wildschweine und seltene Vogelarten wie der Zwergkolibri (*zunzuncito*), vom Aussterben bedrohte Meeresschildkröten legen an den Stränden ihre Eier ab. Als die Spanier die Insel eroberten, versteckten sich in einem 700 Meter langen Höhlenlabyrinth mitten im Urwald die indianischen Ureinwohner Guanahatabeyes, später taten es ihnen diverse Piraten nach. Erst 1993 wurde das Höhlensystem entdeckt.

Am Cabo Corrientes (Kap der Strömungen), gleich vor dem idyllischen weißen Sandstrand María La Gorda liegt eines der spektakulärsten Tauchreviere Kubas mit schwarzen Korallen (Valle del Coral Negro) und einer großen Höhle mit Fächerkorallen. Das kleine Hotel dort hat unter den letzten Wirbelstürmen leider arg gelitten. Die »dicke Maria« hat es der Legende nach übrigens wirklich gegeben. Die umfangreiche Lady aus Venezuela soll von Piraten gefangen worden sein, einen

1 *Zum Drehen einer Zigarre benötigt man eine* capa, *ein Umlageblatt, das perfekt und ohne Mängel sein muss.* – 2 *In Viñales werden Felder mit Ochsen bestellt.* – 3 *Die Tabakblätter werden in* casas de tabaco, *fensterlosen Strohhütten, über viele Monate getrocknet und fermentiert, ein komplizierter Prozess, der viel Mühe verlangt.*

2

3

1

2

Schiffbruch überlebt haben und an diesem Küstenabschnitt gestrandet sein, wo sie Trinkwasser und ihren Körper an Seeleute verkaufte.

Wunderbare Inselwelten

Fernab von den bekannten Stränden schwimmt das winzige Inselchen Cayo Levisa verträumt im Atlantik. Cayo Levisa gehört zum Archipel Los Colorados und liegt nördlich von Pinar del Río – ein ruhiges Paradies, in dem man herrlich dösen, am Strand entlangwandern, baden und schnorcheln kann.

Der südliche Canarreos-Archipel ist dagegen touristisch bereits erschlossen und zollfreies Gebiet. Die kleinere Insel Cayo Largo – noch bis 1980 war sie unbewohnt – erfüllt alle Träume von endlosen Sandstränden und gut dosierter touristischer Unterhaltung. Ganz Cayo Largo ist ein All-inclusive-Resort mit mehreren Hotels, das von Kubanern nur mit einer Sondergenehmigung betreten werden darf, etwa, um auf der Insel zu arbeiten.

Die Strände Lindamar, Blanca, Cocos, Tortugas und Luna mit ihrem Puderzuckersand sind wirklich ein Traum – wenn man die Sonne liebt, denn Schattenplätze sind hier äußerst knapp, auch an der Playa Sirena, dem bekanntesten und längsten Strand von Cayo Largo. Weil sie die brennende Sonne lieben und brauchen, steigen zwischen April und September Echte und Unechte Karettschildkröten sowie Pazifische Suppenschildkröten aus den warmen Wellen, um im Sand ihre Eier abzulegen. Glücklicherweise müssen die Schildkröten nicht befürchten, in irgendeinem Suppentopf zu landen, denn die Angestellten der Granja de Tortugas beschützen Schildkröten und Eier – und sperren unter Umständen auch mal einen Strandabschnitt, um die Gelege nicht zu gefährden.

Taucherparadies: die Isla de la Juventud

Auch die größte Insel des Canarreos-Archipels ist mit dem Flugzeug erreichbar. Die Isla de la Juventud hieß früher Isla de Piños, Pinieninsel, und war seit ihrer Entdeckung im Jahr 1494 eine beliebte Zuflucht für Piraten, Seeräuber und entlaufene Sklaven, die sich in den undurchdringlichen Pinienwäldern 70 Kilometer vor der kubanischen Südküste sicher fühlten. So hatte auch der berühmte Pirat Henry Morgan hier sein Hauptlager, von dem seine Überfälle auf die Hafenstädte der kubanischen Südküste ausgingen. Auch literarisch wurde das Eiland verewigt – es soll Robert Louis Stevenson als Vorlage für die berühmte *Schatzinsel* gedient haben. Kubanischen Diktatoren diente die Insel dagegen als Gefängnis – im »Presidio Modelo«, dem »Modellgefängnis«, saß nach dem Sturm auf die Moncada-Kaserne der Gefangene Fidel Castro ein, bis er schließlich im Jahr 1955 amnestiert wurde. Und auf der Finca El Abra musste Nationalheld José Martí einige Jahre lang Zwangsarbeit verrichten.

Nach der Revolution ließ Fidel Castro die ganze Insel mithilfe Tausender Jugendlicher in ein Ausbildungszentrum verwandeln und gab ihr den Namen Isla de la Juventud, »Jugendinsel«. Mittlerweile stehen allerdings viele Schulen wieder leer, denn seit der Wirtschaftskrise ist es nicht mehr möglich, sie ausreichend mit Lebensmitteln zu versorgen.

Für Taucher ist die Isla de la Juventud besonders attraktiv; am Cabo Francés warten 56 ausgewiesene Tauchzonen auf Unterwasserfans, das International Scuba Diving Center genießt internationalen Ruf. Und wer in den warmen Meereswellen »nur« baden möchte, ist am Strand von Punta del Este im Südosten richtig, an dem in den 1920er-Jahren eine spektakuläre Höhle mit indianischen Wandmalereien gefunden wurde. Eine Kuriosität ist der pechschwarze Sandstrand von Bibijagua.

1 *Der »Strand der Sirene« auf Cayo Largo, ein Inselchen, das vor der Südküste Kubas als All-inclusive-Resort im Karibischen Meer liegt.* – 2 *An der Nordküste von Pinar del Río starten die Boote auf die Insel Cayo Levisa.* – 3 *Ein Leguan auf Cayo Largo.*

1 *Schimmernde Tabakfelder zwischen schroffen, grün bewachsenen Kegelfelsen* (mogotes), *dazwischen Königspalmen – das Tal von Viñales gehört zu den faszinierendsten Landschaften Kubas.* – 2 *Die Tabakfelder von Viñales und Vuelta Abajo gehören zu den besten Anbauflächen für Tabak weltweit; Zigarrenmarken wie Cohiba und Montecristo genießen Weltruhm.* – 3 *Der Tabak ist eine »zickige Pflanze«, die viel Mühe und Leidenschaft verlangt und den Alltag der Tabakbauern bestimmt.* – 4 *Die Vorfahren vieler Tabakbauern in der Provinz Pinar del Río kamen von den Kanarischen Inseln.*

Handtuchschmale Felder erlauben kaum den Einsatz von Traktoren und Landmaschinen, die ohnehin Mangelware in Kuba sind. Die Tabakproduktion ist vom Aussäen bis zur fertiggerollten Zigarre pure Handarbeit.

1

2

3

1 *Wer ein Fahrrad besitzt, ist autonom, selbst wenn es hin und wieder geschoben werden muss.* – 2 *Hahnenkämpfe sind vor allem im Osten Kubas sehr beliebt, obwohl sie illegal sind.* – 3 *Vor allem auf dem Land gilt: keine Hektik.* – 4 *Morgens um sieben ist die Welt noch in Ordnung, hier in Viñales.* – 5 *Geduldiges Warten ist in Kuba eine wichtige Überlebenstechnik.*

Seite 84/85

Einer der schönsten und abgeschiedensten Strände Kubas: die Playa Maria La Gorda im Südwesten der Insel.

4

5

Land der süßen Stangenwälder

Östlich von Havanna beginnt mit der Provinz Matanzas das Land des »grünen Goldes«, wie die Spanier das Zuckerrohr nannten. Schier endlos dehnen sich die grünen Felder bis zum Horizont aus, und die schlanken Schlote der Zuckermühlen überragen kleine Dörfer. Es ist nicht zu übersehen, dass sich hier jahrhundertelang alles um den Zucker drehte. In den ehemals reichen Kolonialstädten Matanzas, Cienfuegos und Trinidad trifft man heute noch auf vergangene Pracht und koloniales Savoir-vivre. Der 20 Kilometer lange Traumstrand von Varadero auf der Península de Hicacos dagegen ermöglicht karibische Urlaubsfreuden pur. Ein weiterer Grund, sich Zentralkuba genauer anzusehen, ist die unter Naturschutz stehende Zapata-Halbinsel an der Südküste mit einer Krokodilfarm, einem nachgebauten Indianerdorf an der »Schatzlagune« und der berühmten Schweinebucht, wo 1961 Exilkubaner mit Unterstützung der USA landeten, um Kuba zu besetzen.

Traditionelles Kolonialhaus am Paseo del Prado, der Hauptstraße von Cienfuegos.

Unterwegs in Zentralkuba

Varadero – Cienfuegos – Trinidad – Santa Clara

Markanter Blickfang auf dem Weg von Havanna in die Provinzhauptstadt Matanzas ist die Puente de Bacunayagua kurz hinter der Provinzgrenze von Matanzas, eine Brücke, die über eine tiefe Kalksteinschlucht führt. Unten fließt, von dichtem grünem Mangrovendschungel gesäumt, der Río Yumurí, darüber kreisen Geier und Möwen und im Hintergrund glitzern die Wellen des Atlantiks.

Matanzas liegt in einer weit gestreckten Bucht an der Mündung des Río Yumurí und des Río San Juan. Die Stadt mit ihren 120 000 Einwohnern ist heute ein wichtiger Ausfuhrhafen für Zucker. Trotz des martialischen Namens – Matanzas bedeutet »Schlächterei«, was wahrscheinlich auf einen großen Schlachthof zurückzuführen ist, der hier einst für die spanische Flotte eingerichtet war – geht es hier eher gemächlich zu.

Die 1693 gegründete Siedlung, deren Bewohner ursprünglich von Viehzucht und Tabakanbau lebten, entwickelte sich durch den sagenhaften Zuckerboom im 18. und 19. Jahrhundert zu einem blühenden Handelszentrum. Fast die Hälfte der gesamten kubanischen Zuckerproduktion kam um 1860 aus den 465 Zuckermühlen der Gegend von Matanzas.

In dieser Zeit entstanden auch die meisten der repräsentativen neoklassizistischen Bauten wie das Teatro Sauto (1863), ein elegantes Gebäude, in dem weltbekannte Künstler wie Sarah Bernhardt auftraten. Etwas von der einstigen kolonialen Pracht erahnt man auch auf dem Parque Libertad. Rund um diesen Platz stehen das alte Rathaus mit schweren Eingangstüren aus Mahagoni, heute Sitz der Provinzverwaltung, das nostalgische Hotel »Velasco« und das ehemalige spanische Kasino mit einer der ältesten Bibliotheken Kubas. Publikumsmagnet ist aber das Pharmaziemuseum Museo Botica Francesa Dr. E. Triolet. Die ehemalige Apotheke wurde von dem aus Haiti geflüchteten Doktor Triolet 1882 gegründet und mit feinsten Hölzern und kostbarem Porzellan prunkvoll ausgestattet. Neben Apothekerinstrumenten wie Schröpfmessern, Waagen und Mörsern ist hier auch der älteste Eisschrank Kubas zu sehen.

Die Catedral San Carlos von 1693, zwei Blocks hinter dem Parque Libertad, wurde im 19. Jahrhundert umgestaltet.

Das Castillo de San Severino aus dem 17. Jahrhundert auf einer Anhöhe außerhalb des alten Stadtkerns ist das älteste Gebäude von Matanzas.

In Matanzas ist das Flair vergangener Tage spürbar. Auch die Musik der Sklaven ist hier lebendig geblieben. Mit etwas Glück kann man samstags vor der Casa de Cultura die Trommler und Tänzer der Gruppe »Afro Cuba de Matanzas« mit ihren akrobatischen Rumba-Choreografien bewundern. Mindestens zehn Trommler schaffen einen eng gewobenen Rhythmusteppich für die Tänzer. Es geht los mit einer »Columbia«: Ein Solo-Tänzer wirbelt mit blitzenden Macheten, steppt zwischen Rumflaschen und verrenkt sich rhythmisch. Beliebt ist auch der »Guaguancó«: Der Hahn umkreist und erobert die lockende Henne, ein Spektakel, das vom Publikum mit anfeuernden Pfiffen

1 *Der Puente Bacunayagua ist die höchste Brücke Kubas und markiert die Grenze zwischen den Provinzen Havanna und Matanzas.* – 2 *Kinder in Trinidad.*

1

2

1

2

und Klatschen kommentiert wird. »Geschafft« hat es der Macho, wenn er mit einem gut platzierten Hüftschwung die Frau »geimpft« hat. Wegen seiner pornografischen Choreografie versuchten die Spanier den »Guaguancó« immer wieder zu verbieten.

Hobby-Höhlenforscher werden sich in den weitverzweigten Gängen der Cuevas Bellamar südöstlich der Stadt wohlfühlen. Unter den spektakulären Felsenhöhlen ist die »Gotische Kammer« mit 80 Metern Länge und 25 Metern Breite die größte.

Traumstrand unter Palmen: Varadero

Vierzig Kilometer von Matanzas entfernt werden karibische Wunschträume wahr. Varadero auf der Península de Hicacos besitzt den spektakulärsten Strand der ganzen Insel: 20 Kilometer lang, weiß und fein wie Puderzucker, sanft umspült von den warmen Meereswellen. Der Ort, in dem 10 000 Kubaner leben, ist das älteste und wichtigste Touristenzentrum der Insel und trägt erheblich zum Nationaleinkommen bei. Entdeckt wurde das Strandparadies gegen Ende des 19. Jahrhunderts von reichen Zuckerfabrikanten und Viehändlern aus Matanzas, die dort ihre Sommerresidenzen errichteten. Doch richtig boomte Varadero erst, als der französische Fabrikant Irénée Du Pont de Nemours in den Zwanzigerjahren hier mit gigantischen Grundstücksspekulationen Milliarden verdiente, sich eine pompöse Villa an den Strand baute und den Ort bei den Reichen und Schönen sowie bei der Mafia aus den USA in Mode brachte. So trafen sich Diktatoren, Stars und Industrielle beim Golfen. Nach der Revolution wurden die Anwesen verstaatlicht, und in den Luxusvillen durften verdiente Zuckerrohrschneider und Revolutionshelden ihre Ferien verbringen. Doch diese Zeiten sind nun definitiv vorbei: Heute findet man im Dorado des Pauschaltourismus exklusive Hotels mit allen nur denkbaren Freizeiteinrichtungen, elegante Restaurants und viele Geschäfte – Varadero sólo en divisas. Wer eine Ahnung vom »wirklichen Kuba« bekommen möchte, macht einen Ausflug ins nahe Cárdenas, die Stadt der Kutschen.

Die bittersüße Geißel

Die Fahrt von Varadero nach Süden führt geradewegs in das endlose grüne Meer der Zuckerrohrplantagen. Kein anderes Produkt hat Kuba so geprägt wie der Zucker – nicht nur das Landschaftsbild, vor allem in der Inselmitte, sondern auch die Geschichte, die sozialen Verhältnisse, Kunst und Musik. Kolumbus brachte das Zuckerrohr bei seiner zweiten Reise von den Kanarischen Inseln mit nach Kuba. Die ersten Zuckerrohrfelder legten die Spanier für den Eigenbedarf an. Erst im 18. Jahrhundert, als man sich in Europa um den Süßstoff für Kaffee riss, verwandelte sich Kuba allmählich in eine »Zuckerinsel«. Um immer noch mehr Zucker produzieren zu können, wurden nahezu alle Wälder zwischen Havanna und Holguín gerodet und Zuckerplantagen bis zum Horizont angelegt. Während der Tabakanbau in den Händen spanischstämmiger Kleinbauern lag, war die Zuckergewinnung von Anfang an mit Sklavenhandel, Sklavenarbeit und Großgrundbesitz verknüpft. Vierzehn Stunden und mehr schufteten die Sklaven auf den Feldern, um das »grüne Gold« zu schneiden und in den Zuckermühlen weiterzuverarbeiten. Die Zuckeraristokraten aus Havanna, Matanzas, Trinidad und Camagüey wurden dadurch immer reicher, was prächtige Stadtpaläste noch heute bezeugen. Weil Spanien am System der Sklaverei

1 *Der 20 km lange Traumstrand von Varadero auf der Halbinsel Hicacos ist ein Magnet für Touristen.* – 2 *Auch Al Capone besaß hier ein Sommerhäuschen, das heute ein Restaurant ist.* – 3 *Das nahe gelegene Cárdenas ist die »Stadt der Pferdekutschen«.*

noch festhielt, als andere europäische Länder die Sklaverei längst verboten hatten, lebten die mächtigen Zuckerbarone als Untertanen der spanischen Krone bestens. Erst 1880 wurde der Sklavenhandel, international längst verboten, auch auf Kuba offiziell abgeschafft.

Auch nach der Unabhängigkeit des Landes 1898 verbesserte sich die Lage der Zuckerarbeiter nicht wesentlich. Während der Erntezeit zwischen Dezember und Mai zogen sie von Plantage zu Plantage, um für einen Hungerlohn Zuckerrohr zu schneiden. Das Abschlagen des Rohrs mit der Machete knapp über dem Boden war schwerste Knochenarbeit. Bis zur nächsten Erntezeit waren die *macheteros*, die »Machetenmänner« arbeitslos, und in den Dörfern hungerten die Menschen. Die Regierung Fidel Castros wollte in den ersten Jahren die Monokultur abschaffen und andere wichtige Nahrungsmittel anbauen lassen. Teilweise ist dies gelungen, denn immerhin reifen auf Kuba heute auch Zitrusfrüchte, werden Sisal und diverse Feldfrüchte geerntet. Seit Ende der Sechzigerjahre jedoch konzentrierte sich das ganze Land erneut auf den Zucker, denn die Sowjetunion kaufte Kuba zu garantierten Preisen über Weltmarktniveau einen großen Teil der Ernte ab und finanzierte auf diese Weise das sozialistische Experiment. 1970 wurden alle verfügbaren Arbeitskräfte für die »gran zafra«, die größte Zuckerrohrernte in der Geschichte Kubas, mobilisiert: Von den geplanten zehn Millionen Tonnen Zucker erreichte man immerhin 8,5 Millionen Tonnen. Allerdings war während der »gran zafra« nahezu die gesamte Landwirtschaft und Industrie der Insel zusammengebrochen. In den folgenden Jahren gelang es, einen Teil der Ernte zu mechanisieren. Seit 1990 ist die Zuckerproduktion jedoch dauerhaft und rapide gesunken. Durchschnittlich werden jetzt etwa 1,5 Millionen Tonnen Zucker erwirtschaftet, und der Zuckerhandel macht nur noch einen kleinen Teil der landwirtschaftlichen Produktion aus. Und wieder liegt die Ernte in den Händen der *macheteros*, denn es fehlen Benzin, Erntemaschinen und Ersatzteile. Die harte Arbeit der Zuckerschneider wird zwar für kubanische Verhältnisse sehr gut bezahlt, jedoch nur in der nahezu wertlosen Landeswährung Peso. Entsprechend niedrig ist demzufolge die Motivation der *macheteros*. Vor allem Jugendliche interessieren sich kaum für diese knochenharte Arbeit, mit der man kaum überleben kann, und suchen eher Jobs im Dienstleistungsbereich, wo man ein paar CUC verdient.

Durch die Sümpfe zur Schweinebucht

Bei Jagüey Grande beginnt ein nahezu menschenleeres Sumpfgebiet. Auf der heute unter Naturschutz stehenden Península de Zapata lebte früher nur eine Handvoll Köhlerfamilien und Krokodiljäger. Da die Reptilien nahezu ausgerottet waren, legte man in La Boca, etwa 18 Ki-

1 *Enrico ist ein stadtbekannter Künstler in Trinidad.* – 2 *Im Valle de los Ingenios, dem »Tal der Zuckermühlen« bei Trinidad, schufteten Hunderttausende westafrikanischer Sklaven auf den Zuckerrohrfeldern.* – 3 *Seine Vorfahren waren Sklaven.* – 4 *Um die Brücke zum Caburní-Wasserfall zu betreten, braucht es Mut.* – 5 *Der Wasserfall Caburní liegt in einer Berglandschaft bei Trinidad, dem Naturschutzgebiet Tope de Collantes.*

4

5

1

2

lometer südlich von Jagüey Grande, eine Krokodilfarm mit rund 15 000 Exemplaren der Riesenechsen an. Ausflugsboote bringen die Touristen über schnurgerade Kanäle zur Schatzlagune, der Laguna del Tesoro, und zum Hoteldorf Guamá, einem Zentrum der Sportfischerei – den legendären Indianerschatz konnte aber noch kein Fischer aus der Lagune heben. Auf einer auf Pfählen errichteten Insel im See wurde ein Indianerdorf nach altem Muster erbaut, inklusive vieler Skulpturen der Bildhauerin Rita Onga, die die Ureinwohner beim Fischen und in alltäglichen Situationen zeigen.

Von Guamá aus geht es südlich durch die Sümpfe nach Playa Larga und Playa Girón, zwei schöne Strände an der Bahía de Cochinos. Die Schweinebucht geriet in die Schlagzeilen der Weltpresse, als hier am 17. April 1961 rund 1500 militante Exilkubaner und Söldner mit Unterstützung der CIA versuchten, auf Kuba zu landen und die Macht zu übernehmen. Unterstützt wurden die Angreifer von 24 Militär-Flugzeugen und 14 Kriegsschiffen der US-Marine, befehligt vom gerade amtseingeführten Präsidenten John F. Kennedy. Die Invasionspläne hatte der US-amerikanische Sicherheitsrat unter Präsident Eisenhower im März 1960 gebilligt. Sowohl die Regierung der USA als auch die Exilkubaner glaubten, auf Kuba ein leichtes Spiel zu haben und auf wenig Widerstand zu stoßen, ein historischer Irrtum, denn schon nach 72 Stunden mussten die Invasoren kapitulieren, obwohl die kubanische Luftwaffe nur 12 Maschinen besaß und das ganze Land mit der Alphabetisierungskampagne beschäftigt war. Innerhalb weniger Stunden konnten 20 000 Soldaten und Freiwillige mobilisiert werden. Fidel Castro führte die Verteidigung an (sein Panzer steht noch dort). Bei den Kämpfen kamen 150 Inselkubaner ums Leben. Am Morgen des 17. April waren 1193 Söldner gefangen genommen worden. Fünf Söldner wurden vor ein Militärtribunal gestellt und erschossen, die anderen u.a. im Sportpalast von Havanna von Fidel Castro persönlich verhört (nachzulesen in Hans Magnus Enzensbergers *Verhör von Havanna*), zu hohen Haftstrafen verurteilt und Ende 1962 gegen Medikamente und Lebensmittel ausgetauscht und in die USA ausgeflogen. Das kleine Museo de la Intervención in Playa Girón dokumentiert anschaulich mit Filmen, Fotos und vielen Exponaten den gescheiterten Invasionsversuch.

Französisches Flair: Cienfuegos

Cienfuegos liegt an der Jagua-Bucht, die nur durch einen schmalen Kanal zum Meer hin geöffnet ist und so einen riesigen, natürlichen Hafen bildet. Bereits im 19. Jahrhundert entwickelte sich Cienfuegos, dessen Gründung 1819 auf französische Siedler zurückgeht, zu einem wohlhabenden Handelszentrum.

Die Provinzhauptstadt mit etwa 100 000 Einwohnern ist ein wichtiger Ausfuhrhafen für Zucker, Zitrusfrüchte und Tabak und einer der bedeutendsten Industriestandorte Kubas mit einem Zementwerk, einer Raffinerie, der größten Zuckerverladestation der Erde und der nie in Betrieb genommenen Ruine eines Atomkraftwerks, das einer der Castro-Söhne einmal leiten sollte. Cienfuegos' Reichtum fand auch im Stadtbild seinen Niederschlag. An den Prachtbauten zeigt sich der Einfluss des Neoklassizismus. Beim Bummel auf den schachbrettartig angelegten Boulevards umfängt einen das französische Flair dieser Stadt. Der den Champs-Élysées nachempfundene Prado (Calle 37), der

3

1 *Die Pfahlbauten in der »Schwarzen Lagune« gehören zum kleinen Hotel von Guamá. Nebenan liegt die »Schatzlagune«. Man erzählt, die Ureinwohner Kubas hätten darin ihre Schätze versenkt, um sie vor den spanischen Konquistadoren zu schützen.* – 2 *Glückliche Oldtimer-Besitzer.* – 3 *Ein Bewohner der Krokodilfarm bei Guamá wartet aufs Essen.*

hübsche Parque Martí mit seinem Musikpavillon und die Geschäftsstraße Avenida 56 haben nostalgischen Charme. Ein Blickfang am Parque Martí ist das elegante neoklassizistische Teatro Tomás Terry mit samtig-schimmernden Holzverkleidungen aus edelstem Mahagoni, das der Zuckermillionär Tomás Terry erbauen ließ. 1895 wurde es mit Verdis »Aida« eingeweiht. Sogar Caruso gab hier Gastspiele. Die erst nach fast 50-jähriger Bauzeit 1867 fertiggestellte Catedral de la Purísima Concepción an der Ostseite des Parque Martí wirkt baulich etwas verunglückt, denn ihre Türme sind unterschiedlich hoch und die Seitenflügel unterschiedlich lang. Im Capitolio, einem bescheidenen Nachbau des Capitolio von Havanna, hat die Provinzverwaltung ihren Sitz. In dem Art-Nouveau-Palast im Südwesten des Platzes – er gehörte dem Zuckermagnaten Don José Ferrer und ist heute die Casa de Cultura – sind hin und wieder Konzerte von Son-Musikern zu hören.

Großzügig angelegte Holzvillen in Pastelltönen und blühende Gärten waren einmal das Markenzeichen des Villenviertels Punta Gorda, doch die zarten Farben hat der Regen längst verwaschen. Einzig der Palacio Valle, ein schrilles Sammelsurium aus gotischen, maurischen und neoklassizistischen Elementen, wird als Touristenattraktion gepflegt. Von der Dachterrasse aus hat man einen herrlichen Blick auf die Jagua-Bucht und das Castillo de Jagua, das Cienfuegos vor den Angriffen der Piraten schützen sollte.
Einen Besuch lohnt der Jardín Botánico Soledad etwa 15 Kilometer östlich von Cienfuegos. Die größte botanische Sammlung Kubas zeigt mehr als 2000 in Kuba, Lateinamerika, Afrika und Asien beheimatete Pflanzenarten, darunter allein 60 verschiedene Palmen- und 20 Bambusarten.

Koloniales Juwel: Trinidad

Über grüne Hügel und dann über eine malerische kleine Uferstraße zwischen der Sierra del Escambray und der türkisfarbenen Karibischen See erreicht man Trinidad, 1514 von Diego Velázquez gegründet. Im alten Stadtkern wandelt man auf den Spuren der reichen Zuckeraristokraten. Die Bilderbuchstadt an der Südküste in der Provinz Sancti Spíritus war einstmals das bedeutendste Handelszentrum Kubas.
Die bonbonfarbenen Kolonialhäuser mit ihren kunstvoll geschmiedeten Fenstergittern, die über das Kopfsteinpflaster ratternden Eselskarren und die Prachtbauten rund um die Plaza Mayor, in denen Museen untergebracht sind, sind steinerne Zeugen der Vergangenheit. In den eleganten Räumen des Museo Romántico im Palacio Brunet kann man die kostbaren Möbel aus kubanischen Edelhölzern, die glitzernden Kronleuchter und Karaffen, das hauchfeine Porzellan betrachten und den Blick aus den Fenstern der Beletage über die Stadt genießen. Funde aus präkolumbischer und präkeramischer Zeit erzählen im Museo de Arqueología Guamuhaya die Geschichte der Ureinwohner Kubas. Als wundertätig wurde die hölzerne Christusfigur in der hübschen Iglesia de la Santísima Trinidad (1884–1892) an der Ostseite der Plaza Mayor verehrt – ein Sturm verhinderte, dass die Figur nach Mexiko verschifft werden konnte.
Südlich der Plaza Mayor demonstriert der Palacio Cantero noch einmal kolonialen Überfluss und das große Kunstverständnis des ehemaligen Zuckermagnaten; heute beherbergt der Palast das Museo Municipal, das anschaulich die Stadtgeschichte dokumentiert.

1 *Der eigenwillige Palacio Valle in Cienfuegos.* – 2 *Vom Turm des Palacio Valle genießt man einen imposanten Panoramablick.* – 3 *In Trinidad wundert sich niemand über Cowboys, die durch die Straßen reiten.*

2

3

1910
1342
1342
1

¡TENGO EL ANTÍDOTO!
TNT
MX
EL MAYOR TERRORIST
CHÍS P@ y Orlando
2

Die Vergangenheit ist Trinidads größtes Potenzial, denn sie zieht Touristen aus aller Welt an. Die meisten der 69 000 Einwohner können nur überleben, wenn sie als Fremdenführer, Straßenhändler, Zigarrenverkäufer, Taxifahrer, Musiker und Kellner von ihnen profitieren, denn eine soziale Idylle ist das koloniale Juwel nicht.

Von Sklaven und Herren

Im Valle San Luís erhebt sich die 50 Meter hohe Torre de Iznaga, Mahnmal der Fronarbeit. Von hier wurden die Sklaven bei der Arbeit auf der Zuckerrohrplantage von Manacas überwacht. Auf dem Höhepunkt des Zuckerbooms 1817 gab es 400 000 Sklaven auf Kuba, und in den Zuckerregionen lebten mehr Schwarze als Weiße. Durchschnittlich zehn Jahre hielt ein junger, kräftiger Neuankömmling aus Westafrika die Fron auf den Zuckerplantagen durch: den 20-Stunden-Tag auf dem Feld und in den Zuckermühlen, das Leben in den Sklavenbaracken und die drakonischen Strafen der weißen Herren. Theoretisch konnte sich ein Sklave in Raten freikaufen, doch die meisten brachten die Ablösesumme erst auf, wenn sie alt und völlig erschöpft waren. Tausende Sklaven flüchteten in die Berge, gejagt von den Bluthunden professioneller Sklavenfänger. Wie groß die Angst der Plantagenbesitzer vor möglichen Sklavenaufständen war (die immer wieder aufflackerten), zeigt der hohe Turm Torre de Iznaga im Valle de Los Ingenios (»Tal der Zuckermühlen«). Die Glocke rief die Sklaven zur Arbeit, von der Turmspitze wurde das gesamte Zuckertal überwacht. Das Herrenhaus der Familie Iznaga ist heute ein Museum, das den Alltag der Sklaven anschaulich darstellt.

Santa Clara und Che Guevara

Berühmt wurde Santa Clara, Hauptstadt der Provinz Villa Clara, vor allem durch Che Guevara, der hier mit seinem Guerillaheer 1958 nach schweren Gefechten die Armee des Diktators Fulgencio Batista besiegte. Die Rebellen sprengten den Munitionszug, den Batista seinen Truppen geschickt hatte, und konnten mit der erbeuteten Munition den Kampf für sich entscheiden. Im Gedenken an diese siegreiche Schlacht unter Führung Che Guevaras überführte man seine 1997 in Bolivien geborgenen Gebeine nach Santa Clara und beerdigte sie in einem gigantischen Mausoleum (mit angeschlossenem Museum). Weithin sichtbar ist die monumentale Bronzestatue Che Guevaras, der mit dem Gewehr in der Hand über den betonierten Platz wacht.

Das Foto vom schwarzlockigen Revolutionär mit dem verlorenen Lächeln und dem roten Stern auf der Militärmütze dürfte das populärste T-Shirt-Motiv der Welt sein. In Kuba blickt »der Che« mit strahlendem Lächeln und der unvermeidlichen Havanna in der Hand von Plakaten und Wandmalereien herab. Die tote Ikone ist allgegenwärtig, ein Joker für Durchhalteparolen aller Art. Sein Porträt ziert

4

5

1 *In Santa Clara erinnert das Denkmal des Tren Blindado an den von den Rebellen gesprengten Munitionszug.* – 2 *Allgegenwärtige Propaganda gegen den Nachbarn: »der größte Terrorist«.* – 3 *Vom Iznaga-Turm überwachten die Herren ihre Sklaven.* – 4 *Das Herrenhaus von Iznaga birgt ein Museum.* – 5 *Noch heute leben Nachfahren der Sklaven hier.*

Kitschpostkarten, in den Restaurants singen Trios gebetsmühlenartig Carlos Pueblas Hymne auf »Comandante Che Guevara«, und die kubanischen Schulkinder müssen beim Morgenappell im Chor skandieren: »Seremos como el Che, Wir werden sein wie Che«. »Neue Menschen« sollen sie werden, unabhängig von materiellen Anreizen, bescheiden, aufopferungsvoll und »revolutionär« (was auch immer dies im heutigen Kuba bedeuten würde). So zumindest skizzierte es Che Guevara in seiner Utopie vom »Hombre Nuevo«, die über Jahrzehnte zur Staatsdoktrin gehörte.

Am 14. Juni 1928 im argentinischen Rosario geboren, studierte Ernesto Guevara Medizin und wurde trotz seiner Asthmaanfälle ein sehr guter Sportler. Mit einem Motorrad fuhr er quer durch den lateinamerikanischen Kontinent, arbeitete auf einer Leprastation und schlug sich mit Gelegenheitsarbeiten durch. Nach seiner Promotion 1953 ging er erst nach Guatemala und dann nach Mexiko, traf dort 1954 auf die kubanischen Rebellen um Fidel Castro und schloss sich ihnen an, als sie 1956 illegal nach Kuba zurückkehrten. Während des Guerillakriegs in der Sierra Maestra leitete Che eine Rebellentruppe und zog am 31. Dezember 1958 als siegreicher Comandante in Santa Clara ein. Die Erfahrungen in den Bergen flossen später in seine Schriften zur Taktik des Guerillakampfs ein. Von 1959 bis 1961 war er Chef der kubanischen Nationalbank, wo er Pläne ausarbeitete, das Geld abzuschaffen. Als Industrieminister versuchte er ab 1961, die Zucker-Monokultur einzuschränken und das Land zu industrialisieren. Dabei propagierte er freiwillige Arbeitseinsätze, die er selbst auch leistete. Dies trug ihm bei der Bevölkerung große Sympathien ein, ebenso seine geradezu legendäre Bescheidenheit.

Am 1. April 1965 trat Che Guevara von allen Posten zurück und verließ Kuba. Ob er den zunehmenden Einfluss der Sowjetunion auf Kuba ablehnte, ob er mit dem Comandante en jefe Fidel Castro in Konflikt geraten war oder er sich doch eher als Revolutionär denn als Staatsmann verstand, sei dahingestellt. 1966 begann er in Bolivien einen von vornherein aussichtslosen Guerillakrieg, der die Machtverhältnisse in Lateinamerika nach dem Vorbild Kubas verändern sollte. Am 8. Oktober 1967 wurde Che Guevara in La Higuiera in den bolivianischen Anden gefangen genommen, gefoltert und am nächsten Tag erschossen.

Soweit die offizielle Version. Allerdings hat das Bild vom edlen Guerrillero auch einige Schattenseiten. Gleich nach der Revolution leitete Che Guevara die Militärtribunale gegen Konterrevolutionäre und ließ in der Festung La Cabaña in Havanna mindestens 216 namentlich bekannte Menschen standrechtlich erschießen. Vor der UNO verteidigte er 1964 diese Gewalt mit dem Argument, Kuba befinde sich in einem Krieg auf Leben und Tod. Seine Utopie vom »Neuen Menschen« verwandelte sich schon in den ersten Jahren nach der Revolution in eine allmächtige Doktrin und erste Pflicht für jeden Kubaner. Wer ihr nicht folgen wollte oder sonstwie der »Konterrevolution« verdächtigt werden konnte, wurde in drakonische Umerziehungs- und Zwangsarbeitslager (UMAP) geschickt, die Che Guevara als Industrieminister eingerichtet hatte. Auch seine Haltung zur sogenannten Kuba-Krise, ausgelöst durch die Stationierung sowjetischer Raketen auf Kuba, ist bemerkenswert: »Wenn die Raketen unter kubanischem Kommando gestanden hätten«, sagte Guevara im Jahr 1962 der britischen Zeitung *Daily Worker*, »so hätten wir sie abgefeuert«.

1 *Viele ältere Kubaner verehren Che Guevara auch heute noch als revolutionäres Idol.* – 2 *Wandmalerei am Busbahnhof von Santa Clara.* – 3 *Die monumentale Bronzestatue am Mausoleum von Che Guevara in Santa Clara.*

2

3

Abendsonne über dem Städtchen Matanzas. Strandurlauber aus Varadero können im nahen Matanzas kubanisches Alltagsleben kennenlernen.

1

2

1 *Vom Kloster San Francisco de Asís in Trinidad steht nur noch der ursprüngliche Glockenturm, andere Gebäudeteile wurden 1930 rekonstruiert.* – 2 *Traditionelle Musiker spielen den Son.* – 3 *1988 wurde Trinidad UNESCO-Welterbe.* – 4 *Das Kopfsteinpflaster in Trinidads Straßen soll von den Spaniern stammen.* – 5 *Koloniale Pracht an der Plaza Mayor in Trinidad.*
Seite 106/107
Überleben mit Musik – Serenade an Trinidads Plaza Mayor.

4

5

Fruchtbare Ebenen, verträumte Inseln

Selten verirrt sich ein Touristenbus in die Provinzen Ciego de Ávila und Camagüey – Lichtjahre scheinen sie von Havanna entfernt zu sein. Dabei ist die sattgrüne, ungemein fruchtbare Ebene, die sich über beide Provinzen erstreckt und landwirtschaftlich stark genutzt wird, wichtig für das Land. Ohne die Milch, den Käse, das Fleisch und die Früchte aus Ciego de Ávila und Camagüey wäre es um die Lebensmittelversorgung in Kuba noch schlechter bestellt. Von früherem Reichtum geprägt ist die hübsche Provinzhauptstadt Camagüey mit ihren riesigen bauchigen Tonkrügen, den *tinajones*, in denen das kostbare Regenwasser gesammelt wurde. Der größte Joker der flachen Provinz Ciego de Ávila dagegen sind die geradezu unwirklich schönen Strände des Archipels Cayería del Norte bzw. Jardínes del Rey (Gärten des Königs) an der Nordküste mit ihren vorgelagerten Korallenriffen und rosafarbenen Flamingos.

Einer der zahlreichen Traumstrände, die man in Kuba entdecken kann.

Die Provinzen Ciego de Ávila und Camagüey

Cayería del Norte – Camagüey – Nordküste

Schier endlos ziehen sich die Zuckerrohrfelder bis zum Horizont, dazwischen sieht man gigantische Viehweiden, riesige Plantagen mit Zitrusfrüchten und Ananaspflanzungen. Hin und wieder blitzen die Wellblechdächer der Molkereien auf oder die weiß gestrichenen, lang gestreckten Kuhställe der staatlichen Kooperativen. Hier und da ragt der Schlot einer Zuckermühle aus dem Grün. Auf den Weiden grasen die uns vertrauten schwarzweißen Holsteinkühe, die in Kuba mit tropentauglichen Zebu-Rindern gekreuzt wurden. Dabei ist eine Rinderart herausgekommen, die viel Milch gibt und den klimatischen Verhältnissen des Landes angepasst ist. Doch auch dieser florierende Bereich der Landwirtschaft hat unter der Krise zu leiden, die Weiden der großen Staatsfarmen sind teilweise von Unkraut überwuchert. Häufig fehlt Strom, um die Kühlhäuser zu betreiben, oder Benzin, um Milch und Fleisch nach Havanna und in andere Städte zu transportieren. Ohnehin beherrschen hier noch immer Pferdekarren, Ochsengespanne, umgebaute Traktoren, unzählige Fahrräder und stolze Reiter das Straßenbild.

Während der Befreiungskriege im vorletzten Jahrhundert rückte die beschauliche Provinz Ciego de Ávila in den Mittelpunkt des Interesses. Die Spanier hatten einen 50 Kilometer langen Befestigungswall mit 43 Türmen und doppelten Holzbarrieren von Norden nach Süden gebaut, um den Vormarsch der Rebellen aus dem Osten aufzuhalten. Doch in beiden Kriegen – die in den Jahren 1875 und 1895 stattfanden – gelang es dem kubanischen Befreiungsheer, den Verteidigungswall zu durchbrechen.

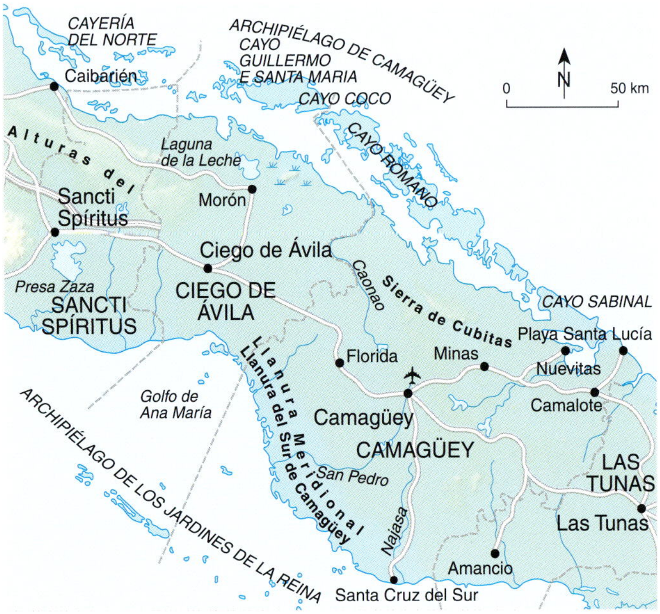

Subtropische Strandparadiese: die Cayos

Ciego de Ávila, die Hauptstadt der gleichnamigen Provinz, entstand größtenteils zu Anfang des letzten Jahrhunderts und hat wenig Sehenswertes zu bieten. Allerdings ist sie ein guter Ausgangspunkt für Jäger, Sportfischer und Vogelliebhaber, deren Ziel die Laguna de Leche und die Laguna Redonda 35 Kilometer nördlich des Städtchens Morón sind.

Vielleicht ist es mit der Ruhe in Ciego de Ávila und in Morón bald vorbei, denn vor der Nordküste der Provinz liegt ein Schatz, der gerade gehoben wird: Die unzähligen kleinen Inselchen und Korallenriffe der Cayería del Norte sind subtropische Strandparadiese der Superlative. Der Sand auf Cayo Coco und Cayo Guillermo ist – man fasst es kaum – noch weißer und feiner als der in Varadero, das Meer schimmert in den unwirklichsten Blau- und Türkistönen, die Korallenriffe beherbergen eine atemberaubende Unterwasserwelt, und in stillen Buchten sieht man Flamingos, ab und zu auch kleine Delfine. Die beiden Cayos sind mit dem Auto von Morón aus über den Pedraplen zu erreichen, einen knapp 35 Kilometer langen Damm, der ins Meer gebaut wurde. Kubaner dürfen dieses Paradies allerdings nur mit Ausnahmegenehmigung oder zum Arbeiten betreten, sodass die ausländischen

1 *Idyllisches Eiland vor der Nordküste Kubas: Cayo Coco aus der Vogelperspektive.*

1

Cubanacan
HOTELES
HORIZONTES
La Ermita

1

Computación
El Encanto
HOTEL

2

Touristen in den wenigen Luxushotels weitgehend unter sich bleiben. Cayo Coco und Cayo Guillermo sollen zum Varadero Nummer zwei ausgebaut werden, obwohl der gesamte Archipel als Naturschutzgebiet gilt und hier besonders viele Wandervögel den Winter verbringen. Die Akademie der Wissenschaften in Havanna, der dieses Gebiet unterstellt ist, hat dem Bau von bis zu 16 000 Hotelbetten zugestimmt – ein Flughafen wurde auf Cayo Coco bereits angelegt. Da die beiden Cayos nicht nur karibische Badefreuden pur bieten, sondern auch zu einem immer beliebteren Taucher- und Anglerparadies werden, dürften ökologische Bedenken auch in Zukunft in den Hintergrund rücken.

Reich und rebellisch: Camagüey

In der Provinzhauptstadt Camagüey, die mit 250 000 Einwohnern gut dreimal so groß ist wie Ciego de Ávila, geht es gemütlich zu. Das war allerdings nicht immer so, denn die heute drittgrößte Stadt Kubas blickt auf eine bewegte Geschichte zurück. 1514 gründete Diego Velázquez an der Küste in der Nähe des Hafens Nuevitas eine Siedlung. Zwei Mal zogen die Einwohner, in erster Linie spanische Viehzüchter, wegen regelmäßiger Piratenüberfälle um: zuerst 1516 an das Ufer des Río Caonao, 1528 schließlich an den heutigen Ort. Trotzdem war Puerto Príncipe, wie Camagüey bis 1898 hieß, auch weiterhin nicht sicher vor den Piraten. Der englische Freibeuter Henry Morgan brannte 1668 mit seiner Truppe die Stadt nieder und sperrte die reichen Bürger ohne Lebensmittel in die Kirche San Francisco, bis ihm diese »freiwillig« ihre Reichtümer mit auf den Weg gaben. Zu den Viehhändlern hatten sich mittlerweile viele Zuckerbarone gesellt, denn die fruchtbare Ebene rund um Camagüey eignete sich auch hervorragend für den Zuckerrohranbau. Zehntausende Sklaven schufteten hier auf den Feldern, und häufig lehnten sie sich gegen die weißen Herren auf. Bei der größten Sklavenrebellion im 17. Jahrhundert ging die ganze Stadt in Flammen auf.

Während der Befreiungskriege spielte Camagüey eine wichtige Rolle. Das reiche Bürgertum war eher antispanisch eingestellt und erhoffte sich von der Unabhängigkeit eine größere Handelsfreiheit. Berühmte Söhne der Stadt wie Ignacio Agramonte und Enrique Varona, der für die Unabhängigkeit plädierte, machten Camagüey als liberale und für die spanische Kolonialmacht gefährlich rebellische Stadt bekannt.

Ignacio Agramonte (1841–1873) ist neben dem Dichter Nicolás Guillén der berühmteste Sohn von Camagüey. Als Jurist und Delegierter der verfassunggebenden Versammlung wirkte er an der ersten Verfassung Kubas mit, die 1869 ausgerufen wurde. Schon vorher, am 4. November 1868, hatte er mit 76 Patrioten auf seiner Finca Las Clavellinas das erste Befreiungs-

3

4
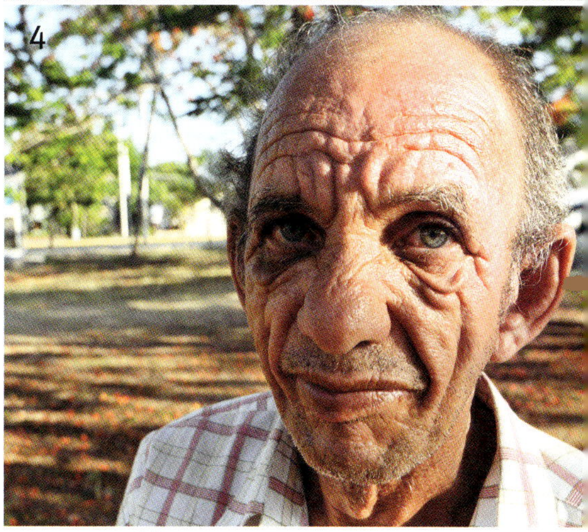

5

1 *Die kubanische Kette Cubanacán bietet im ganzen Land Hotels an, auch in ländlichen und eher abgeschiedenen Gegenden.* – 2 *Die Altstadt von Camagüey gehört zum UNESCO-Welterbe.* – 3 *Die Fahrradtaxis in Camagüey sind meist fantasievoll bemalt.* – 4 *Die Camagüeyanos gelten als sehr freundliche und selbstbewusste Menschen.* – 5 *Nahe Camagüey kann man am Río Máximo Flamingos beobachten.*

heer begründet. Ein Jahr später zog er als Chef der Aufständischen siegreich in Camagüey ein. 1873 fiel Agramonte bei der Schlacht in Jimaguayú. Sein Geburtshaus in Camagüey, die Casa Natal de Ignacio Agramonte, ist heute ein Museum. Auch das Provinzialmuseum, eine Straße, ein Stadtviertel und der schöne Parque Ignacio Agramonte wurden nach ihm benannt. Hier erinnert seit 1916 eine Reiterstatue an den Freiheitskämpfer.

Früher als anderswo in Kuba hörte man hier etwas von den Rechten der Frauen. Ana Betancourt, die erste Frau, die mit der Waffe in der Hand für die Unabhängigkeit kämpfte, kam aus Camagüey und stritt für die Gleichberechtigung. Auch Kubas schwarzer Nationaldichter Nicolás Guillén stammt aus Camagüey, er wurde hier 1902 geboren. Sein Vater, Journalist und Befreiungskämpfer, wurde 1917 bei einem Aufstand gegen das Regime des Präsidenten Menocal erschossen. Guilléns Geburtshaus ist heute ein Forschungs- und Kulturzentrum (Casa Natal Nicolás Guillén), allerdings lebte der Dichter nur wenige Jahre hier – als Kind und später, als er eine Weile als Journalist für eine lokale Zeitung arbeitete. Aber er widmete seiner Heimatstadt das berühmte Gedicht *Elegía Camagüeyana*, das zahlreiche Musikbands (natürlich auch solche aus Camagüey) vertonten.

Die Geschichte Camagüeys ist in vielen Winkeln der hübschen Altstadt gegenwärtig. Bei einem Spaziergang durch das alte Stadtzentrum wird man feststellen, dass Camagüey deutlich geprägt ist von der langen spanischen Tradition, die sich in einer Vielzahl schöner Bauten widerspiegelt. Eine Besonderheit der Stadt sind die *tinajones*, bis zu sechs Meter hohe bauchige Tonkrüge mit bis zu vier Metern Umfang, die die Spanier einführten. Etwa 18 000 dieser Gefäße stehen in den Patios, den Gärten und neben den Eingangstüren eleganter Kolonialhäuser. Einst wurden sie zum Sammeln des kostbaren Regenwassers und für die Verschiffung von Flüssigkeiten genutzt. Während der Kolonialzeit avancierten die *tinajones* zu einem Statussymbol, deren Anzahl den Reichtum einer Familie spiegelte. Heute sind sie fast durchweg mit Blumen bepflanzt. Sehenswert in Camagüey ist auch das Teatro Principal mit seinen schmiedeeisernen Gittern, farbigen Glasfenstern und der ausladenden Marmortreppe, in dem das berühmte »Ballet de Camagüey« zu Hause ist. Die Kathedrale Nuestra Señora de la Candelaria (1530) dagegen ist eher schlicht, sie wurde immer wieder zerstört und musste neu aufgebaut werden. Die Plaza San Juan de Dios aus dem 18. Jahrhundert verströmt mit ihrem Kopfsteinpflaster koloniales Flair. Hell getünchte Kolonialhäuser gruppieren sich um den Platz, an dem auch die 1728 erbaute gleichnamige Kirche und das ehemalige Krankenhaus mit maurischer Fassade stehen.

Badefreuden an der Nordküste

Die Playa Santa Lucía nordwestlich von Camagüey gehört zu den schönsten Stränden Kubas: 25 Kilometer feinkörniger, sauberer Sand und kristallklares Wasser – wieder scheint man in einen Reiseprospekt versetzt zu sein. Von hier aus tuckern Motorboote zum nahe gelegenen Cayo Sabinal mit seinem endlosen Korallenriff, an dem es sich herrlich schnorcheln und tauchen lässt. Hier gibt es nur ein paar rustikale Bungalows zu mieten und man kann sich fühlen wie am Ende der Welt. Auch zum Cayo Sabinal führt ein Pedraplen, der allerdings noch nicht asphaltiert wurde. Am besten unternimmt man die Tour dorthin mit einem Jeep.

1 *Ein Erbe der spanischen Kolonialzeit: Gitarren und viele regionale Saiteninstrumente.* – 2 *Die Plaza de los Trabajadores (Platz der Arbeiter) in Camagüey ist meist menschenleer.* – 3 *Geschäftiger geht es zu auf der Plaza San Juan de Dios, Camagüeys ältestem Platz mit Cafés und einem Souvenirmarkt in kolonialer Atmosphäre.*

2

3

CAMBIO
A CASA DE LA SUERTE
Havana Club
Havana Club
Havana Club
Havana Club
PA' LOS MALOS OJOS COMPRATE UN AZABACHE
NUNCA ES TARDE SI LA DICHA ES BUENA
SI NO TIENES COMO PAGAR LA CUENTA TE BUSCA UN POLICIA.

Vor der Revolution war das Lotteriespiel sehr beliebt, 1959 wurde es offiziell verboten, doch im Verborgenen versucht man weiterhin, dem Schicksal eine wundersame Wendung zu geben, wie hier in der farbenfrohen Bar El Cambio (Veränderung) in Camagüey. Der »Untertitel« des Namens bedeutet: das Haus des Glücks.

1

2

3

1 *Kubas Flora und Fauna ist vielfältig: Große Mantelmöwen.* – 2 *Ein Gelbschnabelreiher.* – 3 *Ein Amerikanischer Flamingo.* – 4 *Interessante Makroaufnahme.* – 5 *Farbenfrohes Unterwasserleben an einem Korallenriff mit Seeschwämmen und Röhrenwürmern.*

Seite 120/121

Ein Inseltraum aus Palmen, schneeweißem Sand und türkisfarbenem, badewannenwarmem Wasser.

4

5

de Marte

Heimat der Soneros, Dichter und Rebellen

Der Ostzipfel Kubas, das »lachende Maul« des Krokodils, ist mit seinen landschaftlichen Reizen ein würdiges Pendant zur »Schwanzspitze« im Westen: Die drei großen Gebirgszüge Sierra Maestra, Sierra de Guantánamo und Sierra de Baracoa locken mit idyllischen Flussmündungen, verschwiegenen Tälern und großartigen Panoramen. Das grüne Hügelland mit seiner palmengesäumten Küste im Norden brachte schon Kolumbus zum Schwärmen. Unbestrittene Königin des Ostens ist Santiago de Cuba, mit ihrem überwältigenden karibischen Charme die »heimliche Hauptstadt« der Insel.
Eigentlich besteht der Ostteil Kubas aus vier Provinzen, doch im kubanischen Sprachgebrauch heißt er hartnäckig Oriente. Hier begannen die Befreiungskriege gegen Spanien und die Revolution von 1959. Und außerdem ist der Oriente die Wiege des kubanischen Son – die besten Troubadoure und Soneros stammen von hier. In Baracoa, im malerischen Ostzipfel Kubas, kann man sich fühlen wie am Ende der bewohnten Welt.

Musik- und Tanzvorführung für das kubanische Fernsehen an der Plaza de Marte in Santiago de Cuba.

Der »ferne Osten« Kubas

Bayamo – El Cobre – Santiago de Cuba – Baracoa

»Nie sah ich ein schöneres Land noch freundlichere Menschen …«, notierte Kolumbus in sein Bordbuch, als er im Oktober 1492 in der Bariay-Bucht bei Gibara nördlich von Holguín vor Anker ging. Die hier lebenden Taíno-Indianer begrüßten die Ankömmlinge freundlich, doch das nutzte ihnen nichts.

Auf Kuba lebten bei der Ankunft der Spanier rund 300 000 Indianer. In der Umgebung von Holguín waren vor allem Siboneyes und Taínos zu Hause, sie lebten von Ackerbau und Fischfang. Ortsnamen wie Guamá, Camagüey, Begriffe wie *huracán* (Wirbelsturm), *hamaca* (Hängematte) oder *tabaco* (Tabak) gehen auf indianische Sprachen zurück.

Im Jahr 1511 kamen 300 spanische Soldaten unter Diego Velázquez zu einem Eroberungsfeldzug auf die Insel. Bereits 1524 hatten sie die meisten Indianer ermordet und vernichtet. In der Gegend um Holguín und Banes fand man in über 100 Ausgrabungsstätten die umfangreichsten und ältesten Funde der indianischen Kultur auf Kuba. Etwa fünf Kilometer von Guardalavaca entfernt befindet sich Chorro de Maita, der größte Indianerfriedhof der Insel, mit 108 Skeletten und zahlreichen rituellen Gegenständen der Siboneyes und Taínos.

Die Provinzhauptstadt Holguín wurde zwar schon 1523 von dem spanischen Kapitän Francisco García Holguín gegründet, doch in den ersten 200 Jahren ihrer Existenz war die Siedlung lediglich ein schlammiges Pionierdörfchen mit gerade einmal 60 Häusern. Erst im 19. Jahrhundert breitete sich durch die guten Erträge der umliegenden Zuckerplantagen langsam städtischer Wohlstand aus. Das Historische Museum und das Naturkundemuseum »Carlos de la Torre y Huerta« mit seinen prächtigen Schneckenhäusern gehören zu den wenigen Attraktionen der ziemlich verschlafen wirkenden Stadt.

Holguín erscheint zwar mittlerweile als Zielort auf den Anzeigetafeln europäischer Flughäfen, doch nur, weil viele Urlauber hier landen, um gleich ins nahe gelegene Guardalavaca weiterzufahren. Guardalavaca heißt auf Deutsch »hüte die Kuh« – ein reichlich ungewöhnlicher Name für einen Strandort. Wahrscheinlich ist er eine Hinterlassenschaft der Piraten, die in der natürlichen Bucht ihre Schiffe (*la barca*: »das Schiff«) versteckten – und aus *barca* wurde im Laufe der Jahrhunderte *vaca*. Die Besonderheiten des Strandes von Guardalavaca sind aber nicht seine Länge oder der schneeweiße, feinkörnige Sand, sondern seine idyllische und geschützte Lage und vor allem die Schatten spendenden blühenden Affenbrotbäume. Von Guardalavaca aus kann man per Boot auf das Inselchen Cayo Saetia fahren, das früher als Urlaubsort den hohen Funktionären vorbehalten war.

Rebellenstadt Bayamo

Bayamo mit den Bergen der Sierra Maestra im Hintergrund ist Hauptstadt der Provinz Granma, die nach der Jacht benannt ist, mit der Fidel Castro, Che Guevara und 80 Rebellen 1956 von Mexiko aus im Oriente landeten und sogleich von

1 *Der Strand von Guardalavaca im Nordosten Kubas war wegen seiner geschützten Lage schon bei den Piraten beliebt.* – 2 *Hübsche Reisesouvenirs findet man überall; das Hellblau der Ketten erinnert an die Meeresgöttin Yemayá.*

1

1

2

der Batista-Luftwaffe beschossen wurden. Die Rebellen stießen in dieser Gegend jedoch auf viele Helfer, denn im Oriente hielt man es noch nie mit der Zentralmacht. Die unbeugsame Haltung der »Orientalen« ist auch in Bayamo zu spüren: Die Stadt lehnte sich mehrfach gegen die spanische Kolonialmacht auf und ist besonders stolz darauf, dass der Freimaurer und reiche Zuckermagnat Carlos Manuel de Céspedes hier mit dem »Kampfruf von Yara« am 10. Oktober 1868 den ersten Unabhängigkeitskrieg gegen Spanien begann. Auf seinem Gut »La Demajagua« nahe bei Bayamo hatte Céspedes seine Sklaven freigelassen und mit Verbündeten das erste Unabhängigkeitsheer zusammengestellt, das unter der Losung »Gleichheit und Unabhängigkeit oder Tod« gegen die Spanier loszog. Den ersten Sieg konnten Céspedes und seine 147 Männer gleich ein paar Tage später in Bayamo feiern. Als ein Jahr später das spanische Kolonialheer auf die unabhängige Stadt zumarschierte, brannten die Einwohner gar ihre Häuser eigenhändig nieder, um zu verhindern, dass das freiheitsdurstige Bayamo noch einmal unter Spaniens Fuchtel geriet – seitdem darf sich die Stadt »La Heróica« (»die Heldenhafte«) nennen, was als Zusatz auf jedem Ortsschild zu lesen ist.
In den Straßen Bayamos haben bis heute die Pferdekutschen das Sagen – die traditionellen Fuhrwerke übernahmen in Zeiten des Benzinmangels lebenswichtige Funktionen und ersetzen heute Taxis und Busse. Unter ihnen befinden sich auch sehr elegante Kutschen, in denen man sich gemächlich um den – selbstverständlich nach Carlos Manuel de Céspedes benannten – Hauptplatz (auch Plaza de la Revolución) schaukeln lassen kann. Im Gebäude an der Südseite des Platzes unterzeichnete der Befreiungsheld übrigens im Jahr 1869 das Dokument zur Abschaffung der Sklaverei im befreiten Teil Kubas. Die kleine Kapelle der Schmerzensreichen Jungfrau von 1733 unweit des Platzes war eines der wenigen Bauwerke, das die große Feuersbrunst des Jahres 1869 überstand – zufällig ist diese Heilige von dunkler Hautfarbe.

Die Schwarze Jungfrau von El Cobre

Die Jungfrau von Bayamo ist beileibe nicht die einzige afrokubanische Patronin, die von der magisch-animistischen Bevölkerung Orientes verehrt wird. Im idyllischen Tal El Cobre, 20 Kilometer von Santiago entfernt, leuchten weithin die drei weißen Türme der Basilika El Cobre, eines eleganten Baus im Stil des ausgehenden 19. Jahrhunderts. Sie ist der Heiligen Jungfrau des Kupfers (Vírgen de la Caridad del Cobre) geweiht, der Nationalheiligen Kubas. Die Legende erzählt, dass Anfang des 17. Jahrhunderts drei kleine Jungen die hölzerne Statue der Schwarzen Jungfrau an der Nordküste aus dem Meer gefischt und nach El Cobre gebracht haben. Dort lebten zu dieser Zeit sehr

3

4

5

1 *Die Kathedrale der Vírgen de la Caridad del Cobre liegt mitten in den Bergen bei Santiago. Sie ist der Heiligen Jungfrau des Kupfers gewidmet, der Nationalheiligen Kubas.* – 2 *Entschleunigung pur heißt es vor allem auf dem Land.* – 3 *Idyllischer Friedhof am Weg von Baracoa zum Humboldt-Nationalpark.* – 4 *Ein* guajiro *aus dem »fernen Osten« Kubas.* – 5 *Steinerne Kultfigur am Wegesrand.*

viele Sklaven, die die »Jungfrau des Kupfers« als ihre Ochún identifizierten, die Göttin des Süßwassers, der Schönheit und der Liebe. Ochún ist so etwas wie die Aphrodite des afrokubanischen Götterhimmels. Schnell entstand um die schwarze Göttin und wundertätige Heilige ein leidenschaftlicher Volkskult. Sogar Hemingway stiftete der Vírgen del Cobre seine Nobelpreismedaille. Lange Zeit war sie mit unzähligen anderen Gegenständen und Votivtafeln in der kleinen Kapelle der

Basilika ausgestellt, bis die Medaille eines Tages gestohlen wurde – doch offenbar hat der Zauber der schwarzen Liebesgöttin bewirkt, dass die Diebe die Medaille zurückbrachten. Sie wird heute an einem sicheren Ort verwahrt. Doch auch andere Exponate sind interessant: etwa eine von der Mutter Fidel Castros gestiftete Plakette, mit der sie die Jungfrau bittet, ihren als Comandante in der Sierra Maestra agierenden Sohn zu schützen. Oder die vielen Zettel, vergilbten Fotos und Wachsfiguren, die einfache Bauern aus der Gegend während der Befreiungskriege und der Revolution zu Füßen der Jungfrau niederlegten, um sie um den Sieg der Rebellen zu bitten.

Santiago de Cuba – die »heimliche Hauptstadt«

Santiago ist ohne Zweifel die bunteste, quirligste und karibischste Stadt Kubas, und schon bei der Ortseinfahrt macht eine Leuchtreklame mit einem das Gewehr zum Himmel reckenden überlebensgroßen Fidel Castro unmissverständlich klar, dass es immer auch die rebellischste Stadt Kubas war sowie die Wiege aller Revolutionen, die auf kubanischem Boden stattfanden. Dabei macht das im Vergleich zu Havanna überschaubare Städtchen mit seinen pastellfarbenen Häuschen, den schmalen, steilen Straßen und den idyllischen Plätzen keineswegs einen martialischen Eindruck, ganz im Gegenteil. Man spürt sofort die karibische Lebenslust und das ansteckende Temperament der Santiagueros, die offenbar alle den Rhythmen des Son verfallen sind. Kein Wunder, denn auch dieser Nationaltanz wurde in Santiago geboren. Die Heimat der Troubadoure, der Dichter und Revolutionäre zeigt sich selbstbewusst, charmant und gastfreundlich, vorausgesetzt, man hat es nicht allzu eilig und lässt sich auf den Rhythmus der Stadt und ihrer Bewohner ein. Allerdings wird man auch rasch feststellen, dass die rund 350 000 Santiagueros nicht in rosigen Verhältnissen leben – die Versorgungslage ist im äußersten Südostzipfel Kubas noch schwieriger als in Havanna.

Havanna ist überhaupt ein Reizwort in Santiago. Die Konkurrenz zwischen beiden Städten ist uralt und begann, als Santiago den Hauptstadttitel an Havanna abgeben musste. 1514 von Diego Velázquez gegründet, durfte sich Santiago von 1524 bis immerhin 1549 Hauptstadt nennen, dann war es mit dem amtlichen Glorienschein vorbei. Trotzdem entwickelte sich Santiago zu einer wohlhabenden Stadt, deren Reichtum unter anderem auf die Kupfermine El Cobre zurückging. Eine andere Einnahmequelle war der Menschenhandel – Santiago war zeitweise der größte »Umschlagplatz« für Sklaven. Auf dem kleinen Cayo in der Hafenbucht wurden die Afrikaner zusammengepfercht und anschließend in die Kupfermine, auf die Zuckerplantagen Zentralkubas und auf andere karibische Inseln gebracht.

Immer wieder warfen die Engländer von Jamaika aus begehrliche Blicke auf das reiche Santiago und versuchten mehrfach, die Stadt einzunehmen. Nicht zuletzt um sie abzuwehren, wurde 1640 auf dem hohen Felsen neben der Hafeneinfahrt die Festung El Morro erbaut. Der Panorama-

1 *Wenn der Strom nicht ausfällt, leuchtet die Revolution.* – 2 *Vom obersten Stockwerk des Hotels Meliá hat man einen Panoramablick über Santiago.* – 3 *Während des Karnevals herrscht eine Woche Ausnahmezustand in Santiago.*

2

3

1

2

blick auf die grün bewaldeten Hänge der Sierra Maestra, die Hafenbucht mit dem Cayo Granma und das Karibische Meer ist atemberaubend.
1662 kamen schließlich die Engländer, besetzten die Stadt einige Monate lang und brannten sie teilweise nieder. Seit dieser Zeit besitzen die Santiagueros ein kleines englisches Teehaus am Parque Céspedes. Ende des 18. Jahrhunderts wurde auf der Nachbarinsel Haiti die Republik ausgerufen und 30 000 französische Pflanzer flüchteten mit ihren Sklaven nach Kuba. Die meisten ließen sich in Santiago nieder, legten Kaffeeplantagen an und brachten französisches Savoir-vivre in die Stadt – und die Angst vor weiteren Sklavenaufständen. Der Zuckerboom füllte die Stadtkasse zwar unablässig mit neuen Goldmünzen und ermöglichte den Bau hübscher Herrenhäuser, des prächtigen Tivoli-Theaters und eine kulturelle Blüte – doch er basierte auf Sklavenarbeit. Aufstände in der Kupfermine und auf den Plantagen waren an der Tagesordnung, und die rebellierenden Sklaven fanden bei den liberalen Intellektuellen Santiagos, die von den Ideen der Französischen Revolution begeistert waren, Unterstützung. Als Céspedes im nahen Bayamo 1868 den ersten Unabhängigkeitskrieg gegen Spanien ausrief, schlossen sich ihm viele Santiagueros an, darunter Tausende entlaufene oder freigelassene Sklaven. Auch im zweiten Unabhängigkeitskrieg waren die Provinz Oriente und die Metropole Santiago von großer Bedeutung. Bis heute setzten sich die Santiagueros immer wieder gegen Bevormundung und Unterdrückung zur Wehr. Und wenn die Feiern zum 40. Jahrestag der Revolution am 1. Januar 1999 nicht in Havanna, sondern vor dem Rathaus in Santiago stattfanden, so hat auch dies seinen historischen Grund. 1953 hatten Fidel und Raúl Castro zusammen mit Revolutionären aus Santiago die Moncada-Kaserne der Stadt gestürmt. Zwar scheiterte der Angriff und die meisten Beteiligten wurden ermordet, doch gilt »Moncada« als Auftakt der Revolution. Drei Jahre später, nach seinem Aufenthalt im Gefängnis und später im Exil, kehrte Fidel Castro mit Che Guevara und 80 Rebellen wieder nach Oriente zurück. Ihr Guerillakampf in der Sierra Maestra wurde von den Santiagueros massiv unterstützt und schließlich war Santiago die erste Stadt, in die die Rebellen am 1. Januar 1959 siegreich einzogen.

Geschichte auf Schritt und Tritt

Auch auf dem Parque Céspedes, dem zentralen Platz Santiagos, eingerahmt von der Kathedrale, dem Haus von Diego Velázquez und dem ehemaligen Rathaus, von dessen Balkon Fidel Castro den Sieg der Revolution verkündete, begegnet man der Vergangenheit. Das Haus von Diego Velázquez, dem ersten Gouverneur der Insel, ist eines der ältesten Gebäude Lateinamerikas und heute ein Museum. Bemerkenswert ist vor allem der Schmelzofen, in dem das Gold der Azteken eingeschmolzen wurde, bevor man es nach Spanien verschiffte.

Der bildschöne Platz ist das öffentliche Wohnzimmer der Stadt. Auf den Bänken sitzen Zigarren rauchende alte Männer. Hausfrauen mit schweren Taschen ruhen sich aus, Schulkinder toben herum und abends flaniert die halbe Stadt über die Plaza. Während des Karnevals und der »Fiesta de Fuego« (im Juli) verwandelt sich der Parque Céspedes in eine farbenprächtige Tanzbühne. Den besten Über-

1 *Der Parque Céspedes mit der Kathedrale, dem Haus von Diego Velázquez und dem Rathaus ist der schönste Platz Santiagos.* – 2 *Von der Dachterrasse des Hotels »Casa Granda« überblickt man die Stadt, die Bucht und die Sierra Maestra.* – 3 *General António Maceo war ein Sohn Santiagos, sein Denkmal befindet sich unweit vom Busbahnhof.*

1

2

3

blick hat man von der Säulenveranda des Hotels »Casa Granda«, das nach seiner Renovierung vornehm in Weiß erstrahlt. Gleich um die Ecke, in der »Kulturstraße« Calle Heredia, liegt das wohl meistbesuchte Haus Santiagos: die »Casa de la Trova«. Ursprünglich eine kleine Musikerkneipe, in der die alten Troubadoure ihre Sones und Boleros sangen, wurde das Lokal vor Kurzem umgebaut, um dem Publikumsandrang standhalten zu können. Die Calle Heredia ist nach dem Dichter José María Heredia (1803–1839) benannt. Sein Geburtshaus liegt nur wenige Schritte von der Casa de la Trova entfernt; heute ist es ein Museum, in dem häufig Dichterlesungen und kleine Konzerte stattfinden. Ein paar Schritte weiter kann man im Museo del Carnavál Trommeln, Kostüme und Nachbildungen der legendären Comparsas von Santiago bewundern, falls man den Karneval selbst verpasst hat. Alljährlich im Juli gehört die Stadt den Congatrommlern und der tanzenden Menschenmenge. Jedes Stadtviertel hat seine Karnevalscomparsa, die miteinander um die besten Kostüme und die besten Songs konkurrieren. Über allem liegt der durchdringende Klang der für Santiago typischen *trompeta china*, einer kleinen chinesischen Trompete, die asiatische Kontraktarbeiter nach Santiago gebracht haben. Höhepunkt sind die Tanzvorstellungen der »Tumba Francesa« auf dem Kathedralsplatz: Die von der Nachbarinsel Haiti Ende des 18. Jahrhunderts nach Oriente geflüchteten »französischen« Sklaven brachten paukenartige Trommeln, Marimbas und weiß gepuderte Allonge-Perücken mit und tanzten eine Art karibisches Menuett – eine Tradition, die sich bis heute erhalten hat.

Eine anschauliche Möglichkeit, die wechselhafte Stadtgeschichte Santiagos nachzuvollziehen, bietet das Museo Bacardí, ursprünglich Familiensitz der heute im Exil lebenden Rum-Dynastie. Eindrücke ganz anderer Art bekommt man auf der traditionellen Geschäftsstraße Enramada, der die erloschenen Leuchtreklamen aus den Fünfzigerjahren nostalgischen Charme verleihen, und der »Treppenstraße« Padre Pico, die Ober- und Unterstadt miteinander verbindet. Von der obersten Plattform hat man einen herrlichen Blick über die Stadt und die Bucht. Gleich um die Ecke stößt man wieder auf Erinnerungen der Revolutionszeit: Im ehemaligen Polizeirevier wurde das Museo de la Clandestinidad (»Untergrund-Museum«) eingerichtet, das den Kampf der Santiagueros gegen die Batista-Diktatur der Vierzigerjahre dokumentiert.

Auch die Moncada-Kaserne zwischen der Carretera Central und der Calle Trinidad kann besichtigt werden – sorgfältig werden die Einschusslöcher in der Fassade gepflegt, und in ihrem Inneren kann man sich ausführlich über Aufstand und Revolution informieren. Wer es ganz genau wissen will, fährt die 15 Kilometer stadtauswärts zur Hühnerfarm Granjita Sibo-

1 *Beim Karneval im Juli verwandeln sich die Straßen Santiagos in ein Farbenmeer.* – 2 *Auch der Kinderkarneval ist beliebt.* – 3 *Performance im Karnevalsmuseum.* – 4 *El Morro wurde 1640 zum Schutz vor Piraten gebaut. Heute befindet sich in den alten Mauern das Museo de la Piratería.* – 5 *Der Palast des Rum-Millionärs Emílio Bacardí, dessen Familie Kuba nach der Revolution verließ, ist heute ein Museum.*

4

5

1

ney, auf der sich Fidel Castro und die Rebellen versteckt hielten und den Angriff auf die Kaserne planten.
Der verwunschene Friedhof Santa Ifigenia im Norden der Stadt mit den Mausoleen der Zuckermagnaten, den Gräbern der Dichter und Revolutionäre und den Grabstätten von Carlos Manuel de Céspedes und José Martí blättert noch einmal das von Gewalt und Rebellion dominierte Geschichtsbuch der Insel auf.

José Martí – Dichter, Journalist und Freiheitskämpfer

Das Porträt des schmalen Mannes mit dem großen Schnäuzer begegnet einem in Kuba einfach überall. Vor jeder Schule, und sei es im letzten Dorf, steht eine Büste von José Martí, dem Nationalhelden Kubas. Schon vor der Revolution wurde der Dichter, Journalist und Politiker von allen politischen Fraktionen als intellektueller Wegbereiter der kubanischen Unabhängigkeit hoch geachtet. Und als sich Fidel Castro im Jahr 1953 nach dem Sturm auf die Moncada-Kaserne vor Gericht verteidigte, stützte er sich auf Martí als »geistigen Urheber« der Rebellion. Martís umfangreiches Werk, das politische, historische und philosophische Essays und Gedichte umfasst, ist in den Schulen Pflichtlektüre. Sein Geburtshaus am Hafen von Havanna – er wurde dort am 28. Januar 1853 geboren – ist heute ein kleines Museum.

Schon als Schüler und Student agitierte Martí gegen die spanische Kolonialmacht. Er wurde zu Zwangsarbeit verurteilt und 1871 nach Spanien deportiert, wo er Philosophie, Literatur und Jura studierte. 1878 kam Martí nach Kuba zurück. Da er jedoch den Waffenstillstand Kubas mit der spanischen Kolonialmacht in seinen Artikeln heftig attackierte, musste er 1880 das Land erneut verlassen und ging in die USA. Dort begründete er zusammen mit anderen kubanischen Patrioten das kubanische Freiheitskomitee. Schon damals erkannte Martí, dass die alte Kolonialmacht Spanien bald von den Vereinigten Staaten von Amerika abgelöst werden würde und sich die lateinamerikanischen Länder vereinen müssten, um nicht in die Abhängigkeit von den USA zu geraten. Seiner Überzeugung verlieh er auch in seinen Essays poetischen Ausdruck. »Wir waren eine Vision: Brust eines Athleten, Hände eines Stutzers und Stirn eines Kindes. Wir waren eine Maske: Hosen aus England, Jacke aus Paris, Weste aus Nordamerika und Mütze aus Spanien. Der Indio umkreist uns stumm und ging in die Berge, auf den Gipfel der Berge, um seine Söhne zu taufen …«, liest man in seinen gesammelten Schriften *Nuestra América* (*Unser Amerika*, 1909/10). 1892 verfasste Martí das Programm und die Statuten der Revolutionären Partei Kubas und versuchte unermüdlich, die in ganz Lateinamerika verstreuten Exiliertentruppen zu vereinen. Am 11. April 1895 landeten Martí, General Máximo Gómez und eine Handvoll Patrioten an der Küste von Oriente, wo der zweite Befreiungskrieg

2

gegen Spanien bereits begonnen hatte. In der Schlacht von Boca de Dos Ríos bei Bayamo wurde José Martí am 19. Mai 1895 von einer Kugel getroffen – der Dichter war ein tapferer, jedoch glückloser Soldat gewesen. »Wenn ich sterbe, so begrabt mich mit dem Gesicht zur Sonne«, hatte Martí in seinen *Versos sencillos* (*Einfache Verse*) geschrieben. In San-

1 *»Wenn ich sterbe, so begrabt mich mit dem Gesicht zur Sonne«, hatte sich José Martí (1853–95) gewünscht. Auf Kuba und in Lateinamerika wird der Journalist, Essayist und Poet als Kämpfer für die Unabhängigkeit verehrt.* – 2 *Auf diesem Wandbild sind die führenden Persönlichkeiten der Unabhängigkeitskriege und der Revolution vereint.*

tiago de Cuba errichtete man dem Freiheitshelden ein rundes Mausoleum, das seinen letzten Wunsch respektiert.

Die Umgebung von Santiago

Vom imposanten Castillo de San Pedro de la Roca, kurz »El Morro« genannt, hat man einen wunderbar weiten Blick auf die Sierra Maestra, die Hafenbucht und das Meer – an klaren Tagen glaubt man sogar, von hier die Südküste Haitis ausmachen zu können.

Auch die Umgebung Santiagos hat einiges zu bieten. Naturliebhaber und Bergsteiger werden sich im östlich der Stadt gelegenen Gran-Piedra-Nationalpark wohlfühlen. Der »Große Stein« (*Gran Piedra*) ist der höchste Berg des östlichen Teils der Sierra Maestra. Seinen Gipfel muss man zu Fuß ersteigen, doch ein Aussichtspunkt (Mirador) ist auch mit dem Auto erreichbar.

Und dann wäre da noch Santiagos neuer Joker: der Baconao-Park, ein 52 Kilometer langer und 80 000 Hektar großer Freizeitpark mit künstlich aufgeschütteten und sehr gepflegten Stränden, Hotels, Restaurants, rustikalen Ranchos, Künstlerateliers und diversen Sportmöglichkeiten. Zwar können die Strände hier nicht mit denen der Nordküste konkurrieren, doch die majestätische Kulisse der Sierra Maestra im Hintergrund entschädigt für schmalere und nicht gar so feinsandige Strände. Attraktion im Parque Baconao ist der Dinosaurier-Park (Valle de la Prehistoria), in dem 169 täuschend echte Dinosaurier, Mammuts und prähistorische Menschen ahnungslose Autofahrer erschrecken.

Am Ende der Welt – Baracoa

Von Santiago aus führt eine Landstraße über das verstaubte Städtchen Guantánamo mit der (nicht zu besichtigenden) US-Militärbasis nach Osten. Hier wird man sich kaum freiwillig länger aufhalten, denn Guantánamo ist zwar durch das allgegenwärtige Lied von der »Guantanamera« weltberühmt geworden, doch das ist auch schon der größte Reiz der Stadt. Guantánamo ist lediglich der Ausgangspunkt für die landschaftlich atemberaubend schöne Höhenstraße (»La Farola«) über die Sierra de Baracoa. Das Städtchen Baracoa hockt wie ein kleiner Reiher auf der »Nase« des Krokodils. Eingeklemmt zwischen den Wäldern eines Bergmassivs, der schönsten Flussmündung Kubas und der grünblauen See scheint es tatsächlich am Ende der bewohnten Welt zu liegen und sich mit angeschwemmtem Strandgut, Schmuggel, Bananen- und Kakaoanbau über Wasser zu halten. Und doch entwickelt sich Baracoa allmählich zum Geheimtipp für Urlauber, denn die geschützten Urwälder, die einsamen Strände (darunter einer mit schwarzem Sand) und sein verschlafener Charme sind selbst auf Kuba einmalig.
Der Name Baracoa ist indianischen Ursprungs und bedeutet übersetzt etwa »hohes Land« oder »Existenz des Meeres«. Beide Bedeutungen treffen jedenfalls auf Baracoa zu. Die Indianer, die hier lebten, hatten engen Kontakt zu den indianischen Völkern der Nachbarinsel Hispaniola. Anfang des 16. Jahrhunderts war zum Beispiel der Kazike Hatuey aus dem benachbarten Haiti mit einem Teil seines Volkes vor den europäischen Invasoren nach Baracoa geflüchtet. 1511 wurde er von den Spaniern auf dem Scheiterhaufen verbrannt. Zwanzig Jahre nach der Hinrichtung Hatueys (nach dem heute eine kubanische Biermarke benannt ist), lehnten sich die Indianer in Baracoa erneut gegen die Besatzer auf und brannten die gesamte Stadt nieder.

1 *Der Kazike Hatuey flüchtete im 16. Jh. mit einem Teil seines Volkes vor den spanischen Invasoren von Haiti nach Baracoa und leistete dort erbitterten Widerstand, bis die Spanier ihn auf dem Scheiterhaufen verbrannten.* – 2 *Bei Nacht erhellen die Lichter Baracoas die Bucht.* – 3 *Der Tafelberg El Yunque ist das Wahrzeichen Baracoas.*

2

3

Anders als in Santiago feiert man in Havanna den Straßenkarneval mit prächtig geschmückten Umzugswagen (carrozas), auf denen Bands und Tänzerinnen das Publikum anheizen.

1

2

1 *Das Hotel El Castillo thront oberhalb von Baracoa auf einem Hügel.* – 2 *Nicht nur eine Militärbasis: in der Provinz Guantánamo gibt es auch menschenleere Strände.* – 3 *Im Gassengewirr von Santiago de Cuba.* – 4 *Christoph Kolumbus blickt über die Strandpromenade von Baracoa.* – 5 *Um die alten Ladas fahrtauglich zu halten, sind viel Geschick und Kreativität gefragt.*

Traumhaft karibisch: der Sonnenuntergang über der Bucht von Baracoa.

1

2

Kubas Top Ten

Altstadt und Festungsanlage Havanna (UNESCO-Welterbe)
Die schmalen Straßen und charmanten Plätze der historischen Altstadt Havannas entfalten mit ihren Festungen, den unzähligen Kolonialpalästen, restaurierten Stadthäusern und Museen, den Straßenhändlern und Eisverkäufern, den hübschen Cafés und originellen Geschäften und den allgegenwärtigen Musikern lebendigen Charme – für Kuba-Besucher ein obligatorisches Highlight. Am besten erkundet man La Habana Vieja zu Fuß, viele Straßen sind ohnehin für den Verkehr gesperrt. Ein Spaziergang durch die koloniale Altstadt ist wie ein Gang durch die kubanische Geschichte – von der »Geburt« der Stadt an der Plaza de Armas mit dem Tempelchen (El Templete), wo 1519 die Stadt gegründet wurde, über den kleinen Kathedralsplatz, die Plaza San Francisco mit der prächtigen ehemaligen Handelskammer, die hinreißende Plaza Vieja bis zum Capitolio und der ehemaligen Prachtstraße Paseo del Prado. Den schönsten Blick auf La Habana Vieja hat man von der Morro-Festung (Parque Histórico Morro-Cabaña) am gegenüberliegenden Ufer der Hafeneinfahrt.

Der Malecón in Havanna
Die berühmte Uferpromenade Havannas verbindet die Altstadt mit dem vornehmen Viertel Miramar und wurde 1926 fertiggestellt. Doch der Malecón mit den verwaschenen Häuserfronten und der niedrigen breiten Mauer ist für die Habaneros viel mehr als nur eine Straße: Er ist das Herz, das öffentliche Wohnzimmer der Stadt. Hier trifft man sich, hier wird gehandelt, gefischt und Musik gemacht, und vor allem wird hier geküsst: Besonders bei Sonnenuntergang ist der Malecón der Treffpunkt der Liebespaare.

Santiago de Cuba und das Festival del Caribe
Die »heimliche Hauptstadt« Kubas liegt malerisch zwischen der grünen Sierra Maestra und dem dunkelblauen karibischen Meer. Santiago de Cuba mit seinen schmalen, steilen Straßen und Gassen ist eine zutiefst rebellische, karibische Stadt, geprägt von der sehr wechselvollen Geschichte Kubas – viele Aufstände und Revolutionen nahmen hier ihren Anfang. Doch vor allem ist Santiago die Wiege der kubanischen Musik, denn hier entstanden der Nationalrhythmus Son und der Bolero. Man sagt, dass die Santiagueros sich im synkopierten Rhythmus des Son bewegen … Und jedes Jahr im heißen Juli verwandelt sich die Stadt beim Festival del Caribe in einen rauschenden Hexenkessel voller Musik und Tanz.

Das Tal von Viñales (UNESCO-Welterbe)
Eines der berühmtesten Täler der Welt, nicht nur aufgrund seiner landschaftlichen Reize: zwischen bizarren Felsformationen (*mogotes*), die aus der tischflachen Ebene hervorragen und zahlreiche, weitverzweigte Höhlen geschaffen haben, wächst der kostbare kubanische Tabak. Die stolzen Tabakbauern und die »zickige Pflanze« haben die ganze Region und vor allem das Tabakdörfchen Viñales geprägt. Überall auf den Feldern sieht man die *casas de tabaco*, kleine Holzschuppen, in denen die Tabakballen ihre Feuchtigkeit ausschwitzen und fermentieren.

Trinidad und die Zuckerfabriken im Valle de los Ingenios (UNESCO-Welterbe)
Der historische Kern Trinidads ist eines der schönsten kolonialen Ensembles der Karibik: bonbonfarbene Kolonialpaläste und reiche Stadthäuser mit kunstvollen Fenstergittern rund um die Plaza Mayor erzählen vom bizarren Reichtum der Zuckeraristokraten. Geschaffen wurde dieser märchenhafte Reichtum von den westafrikanischen Sklaven, die im nahe gelegenen Valle de los Ingenios (Tal der Zuckermühlen) auf den gigantischen Zuckerplantagen von Sonnenaufgang bis Sonnenuntergang schufteten. Ihrem Schicksal kann man hier nachspüren –

1 Hüte und Maracas (Rumba-Rasseln) sind beliebte Souvenirs. – 2 Verwaschene Häuserfronten am Malecón, der Uferpromenade Havannas. – 3 Allgegenwärtige Ikone: Che Guevara vor dem Krankenhaus von Santa Clara.

vom Wachturm (Torre Iznaga) bis in die Sklavenbaracken.

Historisches Zentrum von Cienfuegos (UNESCO-Welterbe)

Die »Perle des Südens« ist unbedingt einen Besuch wert, denn sie besitzt einzigartiges elegantes Flair. Prachtbauten, elegante Villen und Säulengänge zeugen von vergangenem Reichtum und dem dringenden Wunsch der wohlhabenden Bürger, sich die feine französische Lebensart zu eigen zu machen und die Welt nach Kuba zu holen – im prächtigen neoklassizistischen Teatro Terry sangen einst Enrico Caruso und andere Große. Weitere Pluspunkte: ein idyllischer Malecón, viele hübsche Cafés und Restaurants und die lang gestreckte Halbinsel Punta Gorda mit ihren verwaschenen Holzhäusern und Villen sowie dem schrillen Palacio del Valle, der wie eine pinkfarbene maurische Hochzeitstorte anmutet.

Cayo Coco und Cayo Guillermo

Die beiden paradiesischen Inselchen gehören zum Jardines del Rey (Gärten des Königs) genannten Teil des Insel-Archipels Cayería del Norte und schwimmen etwa auf der Höhe von Ciego de Ávila im türkisfarbenen Meer vor der Nordküste Kubas. Fern vom kubanischen Alltag findet man hier nahezu unwirklich anmutende Traumstrände mit weißem, pudrigem Sand und (meist) sanften warmen Wellen in allen nur denkbaren Blau-Türkis-Nuancen. Unter Wasser lockt ein reich belebtes Korallenriff, das zweitgrößte der Welt.

Parque Nacional Turquino

Die 38 000 Hektar des Nationalparks Turquino in der Sierra Maestra sind nicht nur wegen der eindrucksvollen dschungelbewachsenen Berge spektakulär, sie warten auch mit besonderen Highlights für sportliche Naturliebhaber und historisch Interessierte gleichermaßen auf: Glasklare Bäche stürzen durch den undurchdringlichen subtropischen Regenwald, immer wieder entdeckt man große Farne und wild wachsende Orchideen und wird umschwirrt von bunten Schmetterlingen. Selbst, wenn man den Pico Turquino, mit 1974 m der höchste Berg Kubas, nicht unbedingt erklimmen möchte, lohnt sich doch eine Wanderung durch die legendäre Sierra Maestra, und sei es »nur« bis zur Comandancia de la Plata, wo Fidel Castro und die Guerrilleros 1956 nach der Landung mit der Jacht »Granma« ihr Hauptquartier aufschlugen.

Baracoa

Kubas älteste Stadt wurde 1511 von Diego Velázquez gegründet und war drei kurze Jahre lang die Inselhauptstadt. Heute ist Baracoa, im äußersten Ostzipfel Kubas idyllisch, aber abgeschieden zwischen den Bergen und dem Meer gelegen, ein Geheimtipp für Individualisten, die abseits vom Rummel das karibische Leben am »Ende der Welt« erkunden möchten. Spektakuläre Sehenswürdigkeiten gibt es in Baracoa nicht, dafür aber eine traumhafte Berglandschaft, eine idyllische Flussmündung, einen Strand mit schwarzem Sand und an klaren Tagen einen Blick bis zur Nachbarinsel Haiti. Und einen gemächlichen Alltag, dessen Charme man nur allzu leicht verfällt.

Alexander von Humboldt-Nationalpark (UNESCO-Welterbe)

Der mit 706,8 km² (70 680 Hektar) gigantisch große Nationalpark bei Baracoa ist das wichtigste biologische Refugium der Karibik und beherbergt rund 2000 Arten der Pflanzen- und Tierwelt – eine der größten Artenvielfalten weltweit. Der Park umfasst verschiedenste Vegetationszonen, darunter die größte zusammenhängende Fläche tropischen Regenwalds in der Karibik. Knapp ein Drittel des Nationalparks ist touristisch erschlossen, es werden geführte Wanderungen und Bootstouren durch die Mangrovenwälder angeboten. Der Park wurde nach Alexander von Humboldt benannt, weil der deutsche Naturforscher 1800 und 1801 Kuba bereiste und erforschte.

Festivals & Events

Mai

Musikmesse CUBADISCO

Die Musikmesse ist das wichtigste Event für die kubanische Musikindustrie. Genreübergreifend werden bei dieser Veranstaltung die besten Ensembles und Bands vorgestellt, von Jazz bis Klassik, Elektronische Musik, Son, Timba, Rap, Rumba, Rock, Trova … Wettbewerbe, Ausstellungen, Symposien und Workshops gehören zum Programm, neben den zahllosen Konzerten in der ganzen Stadt mit den besten Bands und Musikern aus Kuba und ausgewählten Gastländern. Alljährlich steht auch ein Musikgenre oder ein bestimmtes Instrument im Mittelpunkt. (17.–25. Mai, Daten können variieren).

Biennale der Bildenden Künste in Havanna

Herausragende internationale Kunstausstellung mit renommierten und jungen Künstlern aus der ganzen Welt, sehr viel Kunst aus Lateinamerika und Afrika, viele kubanische Ausstellungen, Installationen und Performances, nahezu unzensiert (Ende Mai/Anf. Juni in ungeraden Jahren).

Juni

Cucalambé-Folklorefestival

Traditionelle kubanische Musiker treffen sich etwas außerhalb von Las Tunas in einem kleinen Bambuswäldchen – Woodstock auf ländlich-kubanisch. Zu hören ist vor allem die Musik der Guajiros, der Landbewohner, also Puntos und Décimas, aber auch traditionelle Guarachas und Sones (Ende Juni/Anfang Juli).

Juli

Festival del Caribe und Karneval

Den ganzen Juli über wird in Santiago de Cuba kräftig gefeiert und getanzt, zuerst beim Festival del Caribe (auch Fiesta del Fuego genannt), bei dem in farbenprächtigen Kostümen vor allem die haitianisch geprägten Tänze und Traditionen wie die Tumba Francesa gezeigt werden. Gleich darauf, nahtlos anschließend, geht die Party weiter mit dem Karneval, bei dem es keine großen Umzugswagen gibt (das verhindert die Topografie der Stadt), sondern einen Wettstreit der trommelstarken Comparsas, mehrhundertköpfige Formationen von Trommlern und Tänzern, die jeweils ein Stadtviertel repräsentieren. Die ganze Stadt ist dann ein einziges Straßenfest, bei dem jeder tanzt.

Karneval

In Havanna wird der Karneval mit vielen Straßenfesten, einem großen Umzug und fantasievollen Karnevalswagen gefeiert, denen Tausende TänzerInnen und Musiker folgen. Auf dem Malecón werden Tribünen aufgebaut, und es fließt sehr viel Bier in Pappbechern (beginnt Mitte Juli).

November

Beny-Moré-Festival für populäre Musik. Der Sänger, Komponist und Bandleader Beny Moré (1919–1963) gilt in Kuba als der größte Sonero aller Zeiten, seine Sones, Mambos und Bolero kennt in Kuba jedes Kind. Zu Ehren des charismatischen Sängers findet alle zwei Jahre (ungerade) in und um Cienfuegos, zum Beispiel in seinem Geburtsort Santa Isabel de las Lajas, ein rauschendes internationales Festival mit den besten Bands aus Kuba statt.

Dezember

Festival des Lateinamerikanischen Films

Im Dezember reisen Filmfans und Cineasten aus der ganzen Welt nach Havanna, um hervorragende Filme aus Kuba, Lateinamerika, aber auch internationale Produktionen und Koproduktionen zu sehen.

Parrandas

Das sympathische koloniale Provinzstädtchen Remedios erwacht immer im Dezember (16. und 24.12.) aus der Siesta und wird zum Publikumsmagneten. Bei den Parrandas ziehen geschmückte Umzugswagen durch die Straßen, begleitet von Congatrommlern, Tänzern und Musikbands, die nicht nur viel Musik, sondern vor allem jeden erdenklichen Lärm machen, mit dem seit dem 15. Jahrhundert Pest, Dämonen und böse Geister vertrieben werden sollen.

3

1 *Tänzerin beim Karneval in Havanna.* – 2 *»Alles für die Revolution« fordert die kubanische Regierung seit 1959.* – 3 *Eine Attraktion für Touristen, Kopfschmerz für die Besitzer: die berühmten Oldtimer.*

Zeittafel

um 4000 v. Chr.
Wahrscheinlich erste Besiedelung Kubas.

1492
Am 28. Oktober landet Kolumbus auf Kuba.

1511–1548
Beginn der Kolonialisierung und Goldsuche. Diego Velázquez gründet 1512 die erste Stadt Kubas: Baracoa. Ausrottung der Indianer. Erste Sklaven landen auf Kuba. Beginn des Zuckerrohranbaus.

1762/63
Großbritannien besetzt Havanna und den westlichen Teil der Insel.

1817
300 000 Sklaven arbeiten auf den Zuckerrohrplantagen. Zucker ist das wichtigste Wirtschaftsprodukt. Zahlreiche Sklavenaufstände.

1868–1878
Erster Unabhängigkeitskrieg gegen Spanien. Kuba verliert.

1886
Abschaffung der Sklaverei.

1895–1898
Zweiter Unabhängigkeitskrieg. Spanien tritt Kuba an die USA ab.

1901/02
Kuba wird offiziell unabhängige Republik, bleibt jedoch unter militärischer Oberhoheit der USA.

1914–1918
»Tanz der Millionen«. Zuckerboom durch hohe Zuckerpreise auf dem Weltmarkt. Kuba beliefert das kriegführende Europa.

1924–1933
Sturz Machados durch einen Generalstreik. Einbruch der Zuckerproduktion durch die Weltwirtschaftskrise um 50 Prozent.

1952
Zweiter Militärputsch von Fulgencio Batista, blutige Repression.

1953
Sturm auf die Moncada-Kaserne in Santiago am 26. Juli. Fidel Castro geht nach zwei Jahren Haft ins mexikanische Exil.

1956
Castro, Che Guevara und 82 Rebellen landen am 2. Dezember mit der Jacht »Granma« in der Provinz Oriente. Beginn des Guerillakriegs.

1959
Sieg der Rebellenarmee und Flucht Batistas in die Dominikanische Republik. Erste Agrarreform, Beginn der Verstaatlichungen von US-Unternehmen.

1961/62
Erfolglose Invasion von Exilkubanern in der Schweinebucht. Alphabetisierungskampagne. Die USA verhängen ein rigides Wirtschaftsembargo. Kuba-Krise. Die UdSSR verzichtet auf die Stationierung von Raketenbasen.

1980
Unruhen. Etwa 100 000 Kubaner flüchten vom Jachthafen Mariel westlich von Havanna nach Miami.

1991
Beginn der Wirtschaftskrise. Rationierung von Benzin und Lebensmitteln, Stromsperren, Zusammenbruch der Infrastruktur.

1993/94
Legalisierung des US-Dollars für Kubaner (= De-facto-Einführung der doppelten Währung) und der freien Bauernmärkte. Soziale Unruhen aufgrund katastrophaler Versorgung, Massenflucht auf Flößen nach Florida.

2003/04
Verhaftungswelle gegen Regimekritiker (Schwarzer Frühling). Der Peso Convertible (CUC) ersetzt den Dollar.

2008
Fidel Castro erkrankt und übergibt die Macht seinem Bruder, General Raúl Castro.

2010/12
Tod zweier politischer Gefangener nach einem Hungerstreik. Freie Kleinunternehmer werden zugelassen. Besuch von Papst Benedikt VXI. Die Bürgerrechtler Oswaldo Payá und Harold Cepero sterben bei einem mysteriösen Unfall.

2013
Aufhebung der Reisebeschränkungen, diverse Lockerungen für Privatleute und Joint-Ventures.

2014
Eröffnung des Mega-Projekts Mariel bei Havanna, bestehend aus einem Containerhafen, einer Freihandelszone sowie Hochtechnologiezentren, einer Ölraffinerie und Bahnlinien.

1

2

Übernachten & Genießen

Havanna

Übernachten

Santa Isabel

Calle Baratillo 9, Plaza de Armas, Alt-Havanna, Tel. 07 860 82 01, www.habaguanexhotels.com.

Koloniales Flair und höchste Bequemlichkeit bietet der ehemalige Palast der Grafen von Santovenia. Edel eingerichtet, mit sehr schönem Patio.

Conde de Villanueva

Calle Mercaderes 202, Ecke Lamparilla, Alt-Havanna, Tel. 07 862 92 93/94, www.habaguanexhotels.com.

Ein Paradies für Zigarrenfans: Zum eleganten Hotel gehören ein Zigarrengeschäft und ein Zigarrenklub, in dem man nach Herzenslust die edlen kleinen Kunstwerke rauchen darf.

Los Frailes

Calle Brasil 8, zwischen Oficios und Mercaderes, Alt-Havanna, Tel. 07 862 93 83, www.habaguanexhotels.com.

Das Ambiente schwankt zwischen wunderbar ruhigem Kolonialpalast und Kloster, denn das Hotelpersonal trägt Mönchskutten.

Genießen

Café del Oriente

Plaza de San Francisco, Alt-Havanna, Tel. 07 860 66 86.

In der ersten Etage dieses Haus befindet sich ein prächtiger Gourmet-Tempel mit Blick auf die bildschöne Plaza de San Francisco. Es gibt ein großes Angebot an Weinen und eine sehr elegante Café-Bar im Erdgeschoss, außerdem ein hübsches Straßencafé. Dazu gehört auch der »Jardín del Oriente« (Garten des Orients) mit kleinen Gerichten und Snacks.

Doña Eutimia

Callejón del Chorro 60-C, Plaza de la Catedral, Alt-Havanna, Tel. 07 861 13 32.

Ein privates Restaurant mit köstlicher kreolischer Küche, nur einen Steinwurf entfernt vom quirligen Kathedralsplatz. Reservierung empfohlen.

Europa

Calle Obispo 301 Ecke Aguiar, Alt-Havanna, Tel. 07 864 44 84.

Äußerst ungewöhnlich ist die kubanische Variante der Nouvelle Cuisine mit kunstvollen Variationen einheimischer Gerichte, die hier in üppigen Portionen auf den Tisch kommt – man wird garantiert überrascht und satt, aber nicht arm. Täglich Livemusik.

Valle de Viñales

Übernachten

Casa El Cafetal

Calle Adela Azcuy Norte Final, Tel. 048 79 33 14, 05 223 91 75.

Einfache, aber idyllisch gelegene Privatpension zwischen Mangobäumen, Bananenstauden und Kaffeepflanzen.

Los Jazmines

Crta. de Viñales Km 25, Tel. 048 79 64 11, 79 62 05, www.cubanacan.cu.

Ein paar Kilometer außerhalb von Viñales liegt auf einem Hügel das kleine staatliche Hotel. Der fantastische Ausblick vom Pool über die *mogotes* und das Tabaktal mag für die leicht angeschrammte Einrichtung entschädigen.

Genießen

Casa de Don Tomás

Calle Salvador Cisneros 140, Tel. 048 79 63 00.

Das älteste Restaurant von Viñales (1889 gegründet) bietet originelle Cocktails und leckere kreolische Kreationen wie die berühmten Delicias de Don Tomás: Reis mit Schinken, Schweinefleisch, Hühnchen, Langusten, Fisch und kreolischer Soße.

Trinidad

Übernachten

Grand Hotel Trinidad

Calle José Martí, Ecke Lino Pérez, Tel. 041 99 60 73 75, www.iberostar.com.

Charmantes und komfortables Hotel in einem bildschönen Kolonialhaus im Zentrum der Stadt. Alle Zimmer sind mit Balkon oder Terrasse ausgestattet, und das Hotel-Restaurant ist sehr empfehlenswert.

Hostal Colina

Calle Antonio Maceo 374, zwischen Colón und General Lino Pérez, Tel. 041 99 23 19.

Gemütliche Privatpension mit lauschigem Patio, der zum Ausruhen und Tagträumen einlädt. Die äußerst freundlichen Gastgeber sind ihren Gästen

1 *In Havanna mündet die ehemalige Prachtstraße Paseo del Prado in die Uferpromenade Malecón.* – 2 *Der verschlafene Ort Cabo Cruz an der Südwestspitze der Region Granma in Ostkuba.* – 3 *Chamäleon während der Verwandlung.*

bei jeglichen Fragen gern behilflich.

Genießen

Sol y Son

Calle Bolívar 283, zwischen Frank País und Martí.
Traditionsreiches Privat-Restaurant (ein sogenanntes *paladar*) mit freundlicher Atmosphäre, einem Patio, einer guten Küche, reichlichen Portionen und Livemusik zur Unterhaltung.

Cienfuegos

Übernachten

Casa Bella Perla Marina

Privatpension, Calle 39 No. 5818, zwischen 58 und 60, Tel. 043 51 89 91, wrodriguezdelrey@yahoo.es.
Komfortabel ausgestattet und mitten im Geschehen gelegen, dazu ein schöner Blick über Cienfuegos von der grünen Dachterrasse.

Genießen

El Aché

Ave. 38 No. 4106, zwischen 41 und 43, Tel. 043 52 61 73.
Hinreißendes Privatrestaurant mit solider Küche und einem überdachten Patio voller Pflanzen und Vogelkäfige.

Santiago

Übernachten

Casa Granda

Calle Heredia 201 Ecke General Lacret, Parque Céspedes, Tel. 022 65 30 21–24, www.gran-caribe.com.
Nicht gerade ein Geheimtipp, aber ein Logenplatz und ideal für Nachtschwärmer. Von der gemütlichen Terrasse aus kann man bei einem Snack das bunte Treiben auf dem Parque Céspedes beobachten, und die Bar auf der Dachterrasse ist der ideale Ort für einen Sundowner, den man hier zusammen mit einem fantastischen Blick über Santiago genießt.

San Basilio

Calle Bartolomé Masó 403, zwischen Porfirio Valiente und Pío Rosado, Tel. 022 65 17 02, www.cubanacan.cu.
Mini-Hotel (acht Zimmer) in liebevoll restauriertem Kolonialhaus, individuell und zentral.

Genießen

Don Antonio

Plaza de Dolores, Tel. 022 65 23 07.
An der immer quirlig-belebten Plaza de Dolores ist das Don Antonio die eleganteste Adresse, denn hier speist man im früheren Stadtpalais der Grafen Candelárias. Unbedingt probieren sollte man die frischen Langusten!

Salón Tropical

Calle Fernández Marcané 310, zwischen 9 und 10, Santa Barbara, nahe Hotel Las Américas, Tel. 022 64 11 61, Reservierung empfohlen.
Das Privatrestaurant mit Terrasse und hervorragendem Essen liegt im zweiten Stock, der Weg hin ist ausgeschildert. Unter der Woche liegt der Akzent auf italienischer Küche, an den Wochenenden dagegen geht es spanisch zu auf den Tellern. Gegrilltes gibt es immer.

Casa del Té

Calle Aguilera 20, Ecke General Lacret.
Eine äußerst angenehme Hinterlassenschaft der Engländer ist dieses hübsche Teehaus, in dem man sich mit leckeren, günstigen Snacks und ebensolchem Tee stärken kann.

Baracoa

Übernachten

El Castillo

Calle Calixto García, Loma del Paraíso, Tel. 021 64 51 65, www.gaviota-grupo.com.
In der ehemaligen spanischen Festung ist das wohl schönste Hotel Baracoas untergebracht. Für die zehn Minuten Fußweg vom Zentrum bis hierher entschädigen die Ruhe und der fantastische Panoramablick über die Stadt und das Meer. Tipp: Die Zimmer mit den Nummern 201 bis 211 bieten die beste Aussicht. Angenehmes Restaurant.

Genießen

La Terraza

Flor Combret 143, zwischen Ciro Frías und Pelayo Cuervo, tgl. 12–15, 18.30–22.30 Uhr.
Freundliches Privatrestaurant mit schmackhaften lokalen Gerichten und Blick aufs Meer.

1

2

Kuba von A bis Z

Ärztliche Versorgung

Eine Reiseapotheke sollte man auf alle Fälle mitnehmen, vor allem wenn man regelmäßig bestimmte Medikamente braucht. Sämtliche Medikamente und ärztliche Leistungen müssen von Touristen in Devisen bezahlt werden.

Anreise

Nach Kuba fliegen z.B. Air Berlin (www.airberlin.com), Air Europa via Madrid (www.air-europa.com), Air France via Paris (www.airfrance.com), Condor (www.condor.com), Cubana de Aviación (www.cubana.cu), Edelweiss Air (www.edelweissair.ch), Iberia via Madrid (www.iberia.com), Jetairfly via Brüssel (www.jetairfly.com), Martinair via Amsterdam (www.martinair.com) sowie Virgin Atlantic via London (www.virgin-atlantic.com). Ein Direktflug dauert ca. 10 Stunden.

Auskunft

Kubanisches Fremdenverkehrsamt: Stavangerstr. 20, 10439 Berlin, Tel. 030 44 71 96 58, www.cubainfo.de (auch für Anfragen aus Österreich und der Schweiz zuständig).
www.cubaweb.cu: offizielles Tourismus-Directory mit aktuellen Nachrichten, Suchmaschine und sehr vielen Links, u. a. zu allen kubanischen Tourismusunternehmen.
www.cuba-individual.com: Private Website mit umfassenden Infos über Privatpensionen und Hotels, Transport usw.

Baden

Kubas Strände sind sehr sauber – sowohl das Wasser als auch der Sand – und fallen relativ flach ins Meer ab: ideal für Nichtschwimmer. Vor allem die Nordküste bietet sich für einen Urlaub mit Kindern an, da hier kaum Brandung herrscht. Die Wassertemperatur ist sehr angenehm, zwischen 25 und 28 Grad Celsius.

Banken und Geld

Öffnungszeiten von Banken und Wechselstellen (*Cadeca*) sind montags bis freitags von 8.30 bis 12 Uhr und von 13.30 bis 15 Uhr, samstags von 8 bis 10 Uhr. Die meisten internationalen Hotels wechseln rund um die Uhr Geld. In touristischen Orten wie Varadero, Cayo Largo, Cayo Coco und Guardalavaca kann man auch mit Euro bezahlen. Kreditkarten (nicht von amerikanischen Banken) werden in Hotels, von Leihwagenfirmen und in Devisenläden problemlos akzeptiert, allerdings werden dafür 11,24 % Gebühr erhoben. Privatunterkünfte und -restaurants (*Paladares*) nehmen keine Kreditkarten an. Am Bankautomaten bekommt man mit Kreditkarte und PIN Bargeld. EC-Karten und Reiseschecks werden nicht akzeptiert.

Bevölkerung

Von den rund 11,3 Millionen Kubanern sind etwa 11 % Schwarze, 51 % Mulatten und 37 % Weiße sowie 1 % Chinesen. Mehr als ein Drittel der Bevölkerung ist jünger als 16 Jahre, die Lebenserwartung liegt mit 76 Jahren ebenso hoch wie in einem europäischen Industrieland. Dem entspricht auch das durchschnittliche Bevölkerungswachstum mit 0,35 % jährlich. Mehr als 95 % der Bevölkerung können lesen und schreiben.

Botschaften

In Deutschland
Stavangerstr. 20, 10439 Berlin, Tel. 030 44 71 73 19, 91 61 18 11, www.cubadiplomatica.cu/alemania
Konsulat der Republik Kuba: Kennedyallee 22–24, 53175 Bonn, Tel. 0228 30 90, kons-od-bonn@botschaft-kuba.de

In Österreich
Botschaft der Republik Kuba, Kaiserstraße 84/1/1, 1070 Wien, Tel. 01 877 81 98, www.cubadiplomatica.cu/austria

In der Schweiz
Botschaft der Republik Kuba, Gesellschaftsstr. 8, 3012 Bern, Tel. 031 302 21 11, www.cubadiplomatica.cu/suiza (sp.)

In Kuba
Deutsche Botschaft
Calle 13 No. 652, Ecke B, Vedado, Havanna, Tel. 07 833 25 39, 833 25 69, Mo–Fr 9–12 Uhr.

3

1 *Die* trompeta china *ist neben den* congas *das wichtigste Instrument im Karneval von Santiago. –* 2 *Keine Angst vor Farben: Haustor in Trinidad. –* 3 *In Viñales sieht man mehr Pferdekutschen und Fahrräder als Autos.*

Rechts- und Konsularabteilung
Calle B No. 652, Ecke 13, Vedado, Havanna, Tel. 07 833 31 88. In Notfällen ist der Bereitschaftsdienst bis 24 Uhr Ortszeit zu erreichen:
Tel. 05 280 59 42.
www.havanna.diplo.de

Österreichische Botschaft
5ta Avenida No. 6617,
Ecke 70, Miramar, Havanna,
Tel. 07 204 28 25,
havanna-ob@bmeia.gv.at

Schweizer Botschaft
5ta Avenida No. 2005,
Miramar, Havanna,
Tel. 07 204 26 11,
http://www.eda.admin.ch/havana

Einkaufen

Die Geschäfte in den internationalen Hotels haben meist auch sonntags offen, werktags immer von 9 bis 19 Uhr. Mittags ist oft eine Stunde Pause. Alle Devisenläden (CUC) sind täglich etwa von 10 bis 19 Uhr geöffnet.

Ein- und Ausreise

Für einen maximal vierwöchigen Aufenthalt in Kuba genügen ein mindestens noch drei Monate gültiger Reisepass und die Touristenkarte (beim Reisebüro erhältlich). Die Touristenkarte kann in Havanna gegen 25 CUC Gebühr verlängert werden. Längere Aufenthalte müssen bei der Kubanischen Botschaft beantragt werden. Außerdem müssen Reisende die Police einer im Heimatland abgeschlossenen Auslandskrankenversicherung vorweisen. Zur Not kann diese auch bei Asistur (Tel. 866 89 20 = 24-Std.-Notruf, www.asistur.cu). am Flughafen abgeschlossen werden. Individualreisende müssen einen Hotel-Voucher für die ersten drei Nächte vorlegen, doch die Kontrollen sind eher lasch.

Elektrizität

Die Stromspannung beträgt 110 Volt. Es empfiehlt sich, einen US-Adapter mitzunehmen.

Feiertage

1. und 2. Januar: Jahrestag der Revolution;
1. Mai: Internationaler Tag der Arbeit;
26./27. Juli: Jahrestag des Sturms auf die Moncada-Kaserne;
10. Oktober: Jahrestag des Beginns des Unabhängigkeitskriegs gegen Spanien;
25. Dezember: Weihnachten (Navidad).

Fortbewegung im Land

Auto: Am günstigsten ist es, von zu Hause aus einen Mietwagen zu reservieren, vor allem zu den Hauptreisezeiten und um Ostern und Weihnachten. Verschiedene Veranstalter bieten Mietwagen und Hotelgutscheine im Paket an. Die Leihfirmen Cubacar, Havanautos und Transautos unterhalten Büros in allen größeren Städten, in touristischen Zentren und Hotels. Wenn man nicht mit Kreditkarte bezahlt, wird eine Kaution von 200 bis 800 CUC fällig; dazu kommt noch eine obligatorische Diebstahlversicherung von rund 10 bis 25 CUC pro Tag. Tankrechnungen können nur mit CUC bezahlt werden.
Bus: Viazul (www.viazul.com) und Conectando Cuba (www.cubanacan.cu) haben klimatisierte Überlandbusse, die die größeren Städte miteinander verbinden.
Zug: Mit dem Zug sollte man nur fahren, wenn man viel Zeit hat und definitiv keinen Wert auf Komfort legt.
Inlandsflüge: gibt es bei Cubana de Aviación, Aerocaribbean und Aero Gaviota. Der Flug Havanna–Santiago kostet ca. 130 CUC (einfach).

Fotografien

Für alle, die nicht digital fotografieren: Mittlerweile sind die Fotoläden in Havanna und den touristischen Zentren recht gut bestückt, allerdings sollte man auf Verfallsdaten achten und auf hohe Preise gefasst sein. Militärische Anlagen, Flughäfen und Häfen dürfen nicht fotografiert werden.

Geld

s. Banken

Gesundheitsvorsorge

Impfungen sind für Kuba nicht vorgeschrieben. Leitungswasser sollte man auf gar keinen

1

2

Kuba von A bis Z

Fall trinken, nur abgekochtes Wasser oder Mineralwasser verwenden. Sonnencreme mit hohem UV-Filter und Mückenschutz gehören unbedingt ins Gepäck. Es besteht ein hohes Aidsrisiko und eine Ansteckungsgefahr für Dengue-Fieber (v. a. in der Regenzeit) und Cholera, die auch je nach Bedingungen ansteigen kann.

Internet

Da man auf mitgebrachten Smartphones und Tablets in Kuba keinen Zugang zum Internet bekommt, ist man auf zwei Alternativen angewiesen: Man kauft entweder in einer Telepunto-Filiale der Telefongesellschaft ETECSA eine Guthabenkarte (6 CUC, 1 Std.), die man im ganzen Land nutzen kann, oder man nutzt die Internet-Computer eines internationalen Hotels (teurer). Stets wird die Internetkommunikation rigoros überwacht, viele Websites sind blockiert.

Klima/Reisezeit

Die relativ trockenen Wintermonate November bis März sind eine angenehme Reisezeit, an die wesentlich schwüleren, heißen und feuchten Sommermonate dagegen müssen sich viele Europäer erst gewöhnen. Im Spätsommer und im Herbst muss man mit Hurrikanen rechnen.

Mit Kindern unterwegs

Kuba ist ein ausgesprochen kinderfreundliches Land, die Kubaner behandeln ihre eigenen Kinder wie auch die kleinen Gäste äußerst liebevoll und großzügig. Viele Strandhotels bieten einen Babysitter-Service an, und auch die Strände selbst sind für Kinder hervorragend geeignet. In der Nebensaison gibt es in einigen Hotels spezielle Familientarife.

Notruf

Polizei: 106, Feuerwehr: 105. Notfall = urgencia, Notarzt = emergencia médica, Vergiftung = toxicología.

Post (siehe auch Internet)

Die Postverbindungen zwischen Kuba und Europa sind nicht gerade die schnellsten: Eine Karte (0,75 CUC) oder ein Brief (1 CUC) können Wochen unterwegs sein, manchmal auch nur 10 Tage. Wer schnell und sicher etwas verschicken will, wendet sich an den DHL-Service mit Zweigstellen in fast allen Städten (www.dhl.com) oder an EMS CUBAPOST (Telecorreo) in den Hotels oder Stadtbüros.

Souvenirs

Beliebte konsumierbare Mitbringsel der Insel sind neben Zigarren und Rum auch der vorzügliche kubanische Kaffee. In den Souvenirläden findet man neben Strohhüten afrokubanische Püppchen und allerlei Nippes aus Keramik. Schmuck aus schwarzen Korallen wird überall angeboten. CDs der besten kubanischen Bands kann man auch noch kurz vor der Abreise am Flughafen kaufen, nach den berühmten Filmplakaten des ICAIC dagegen muss man etwas länger suchen. (Im Zweifelsfall beim ICAIC Büro neben dem Chaplin-Kino in der Calle 23, Havanna, nachfragen.)

Sport

Kuba bietet reichlich Sportmöglichkeiten – von Surfen, Katamaransegeln, Tauchen, Schnorcheln und Schwimmen an den kilometerlangen Stränden über Golf (Havanna, Varadero) bis zu Reiten und Fallschirmspringen (Varadero, Cayos, Guardalavaca usw.). Fitnesscenter findet man in größeren Hotels, einige haben sich auf besondere Sportprogramme spezialisiert. In Havanna und Santiago werden von kleineren Reiseveranstaltern auch Tanzkurse mit hochkarätigen Lehrern für Salsa, Mambo, Cha-Cha-Cha, Rumba und afrokubanische Tänze angeboten.

Telefonieren

Das kubanische Telefonsystem wird seit einigen Jahren ausgebaut und digitalisiert, wodurch sich Provinzvorwahlen und/oder Telefonnummern rasant ändern können. Für innerkubanische Gespräche sollte man sich mit Geduld wappnen, Überseegespräche per Satellit dagegen funktionieren rei-

1 *Wie die Finger eines Riesen ragen die kegelförmigen* mogotes *aus dem tischflachen Boden in Viñales.* – 2 *In Havanna entwickelt sich eine wachsende Graffiti-Szene.* – 3 *Kaum jemand hat etwas dagegen, fotografiert zu werden.*

bungslos. Eine Minute nach Deutschland kostet ca 6 CUC. Für Auslandsgespräche ist die ETECSA-Telefonkarte (ab 5 CUC) günstig, mit der man von den blauen Kartentelefonen aus direkt anrufen kann. Im Centro de Prensa in Havanna (Calle 23, Nähe Malecón) kann man mit Kreditkarten telefonieren. Kuba hat die internationale Vorwahl 0053, Havanna 7 (innerhalb Kubas ist die Vorwahl von Havanna 07). Mit dem eigenen Mobiltelefon kann man problemlos telefonieren und simsen (Roaming über Cubacel), allerdings zu gesalzenen Preisen.

Trinkgeld

Kofferträgern am Flughafen sollte man mindestens einen CUC *propina* geben, für mehrere Gepäckstücke auch mehr. Taxifahrer und Kellner rechnen mit 10 bis 20 Prozent, da sie meist ausschließlich von Trinkgeld leben, ebenso wie Hotelangestellte. Auch die Restaurantmusiker erwarten einen Obolus von 0,50 bis 1 CUC pro Musiker. In Museen darf man oft gegen ein kleines Trinkgeld fotografieren.

Unterkunft

In den letzten Jahren ist das Angebot an Vier- und Fünfsternehotels in Kuba erheblich gestiegen. Trotzdem sollte man während der Hauptsaison sowie um den Jahreswechsel herum und an Ostern unbedingt reservieren. Pauschalangebote von Reiseveranstaltern sind oft erheblich günstiger als Direktbuchungen. Mittlerweile gibt es auch sehr viele und gute Privatquartiere. Eine Übernachtung mit Frühstück kostet z.B. in Havanna 20 bis 30 CUC, in der Provinz etwas weniger. In den internationalen Hotels ist die Stromversorgung normalerweise gesichert, in preiswerteren Hotels sowie in Privatunterkünften muss hin und wieder mit Ausfällen gerechnet werden.

Währung

Am 8. 11. 2004 wurde der Dollar als wichtigstes Zahlungsmittel in Kuba abgeschafft und durch den Peso Convertible (CUC) ersetzt. Derzeit entspricht 1 CUC etwa 0,76 € bzw. 0,92 CHF. Ausländer müssen prinzipiell mit CUC bezahlen; Wechselstellen heißen CADECA, auch Banken wechseln. Der Peso Convertible ist eine reine Binnenwährung – vor Rückflug zurücktauschen, sie gilt außerhalb Kubas nicht. Der nationale »Peso Cubano« (CUP) ist die Währung, mit der die meisten Kubaner leben müssen. 1 CUC entspricht etwa 22 CUP (Stand: Mitte 2014). Sowohl der Peso Convertible wie auch der Peso Cubano werden auf Speisekarten usw. häufig mit dem Dollarzeichen ($) abgekürzt, obwohl der CUC theoretisch zwei Längsstriche hat. Und aus alter Gewohnheit bezeichnen viele Kubaner den CUC noch als Dollar, während der nationale Peso traditionell *moneda nacional* heißt.

Zeit

Es gilt die Mitteleuropäische Zeit minus fünf Stunden im Sommer, minus sechs Stunden im Winter.

Zoll

Gegenstände des persönlichen Gebrauchs dürfen zollfrei eingeführt werden, u. a. Foto- und Videokameras, Laptops (besser deklarieren), Rasierapparat, Medikamente bis zu zehn Kilogramm. Auch Geschenke bis zu einem Wert von 50 CUC sind erlaubt. Surfbretter, Fahrräder und andere Ausrüstung müssen deklariert werden. Die Einfuhr von Lebensmitteln, Pflanzen, Drogen und Waffen ist verboten. Ausnahme: Sportwaffen (müssen aber angegeben werden). Man darf 200 Zigaretten oder 250 Gramm Tabak, 3 Liter Spirituosen und eine Flasche Parfum einführen. Ausführen darf man: 200 Zigaretten oder 50 Zigarren oder 100 Zigarillos oder 250 Gramm Tabak (nur legale Einkäufe), 2 Liter Spirituosen unter 22 Vol.-%, 1 Liter Spirituosen über 22 Vol.-% und 500 Gramm Kaffee. Kunsthandwerk und Kunst müssen das Zertifikat einer staatlichen Galerie haben (wird beim Kauf mitgegeben). Infos: www.cubainfo.de, www.aduana.co.cu.

1

2

Register

Orts- und Sachregister

1 *Handgemachte Kunstwerke aus »braunem Gold«, hergestellt von freien privaten Tabakbauern.* – 2 *Auf Kubas »grünem Gold«, dem Zuckerrohr, gründete sich der Reichtum der Zuckermagnaten (hier das Tal der Zuckermühlen bei Trinidad).* – 3 *Der Feierabend wird mit Dominosteinen eingeläutet …*

Personenregister

Impressum

Verantwortlich: Stephanie Iber
Korrektorat: Anke Höhne, München
Layout: graphitecture book & edition, Bernau
Repro: Repro Ludwig, Zell am See
Kartografie: Astrid Fischer-Leitl, München
Herstellung: Bettina Schippel
Printed in Slovenia by Florjancic

★ ★ ★ ★ ★

Sind Sie mit diesem Titel zufrieden? Dann würden wir uns über Ihre Weiterempfehlung freuen.
Erzählen Sie es im Freundeskreis, berichten Sie Ihrem Buchhändler oder bewerten Sie beim Onlinekauf.
Und wenn Sie Kritik, Korrekturen oder Aktualisierungen haben, freuen wir uns über Ihre Nachricht an Bruckmann Verlag, Postfach 40 02 09, D-80702 München oder per E-Mail an lektorat@verlagshaus.de.

Unser komplettes Programm finden Sie unter

www.bruckmann.de

Alle Angaben dieses Werkes wurden von den Autoren sorgfältig recherchiert und auf den neuesten Stand gebracht sowie vom Verlag geprüft. Für die Richtigkeit der Angaben kann jedoch keine Haftung übernommen werden.

Der Fotograf

Pascal Violo, geboren 1980, ist Reisefotograf und Eventmanager. Seit 15 Jahren bereist er die Länder Lateinamerikas und Asiens. Er zählt zu den bekanntesten Vortragsreferenten Österreichs und tourt jedes Jahr mit bis zu 100 Terminen mit seinen Live-Reportagen durch den deutschsprachigen Raum.

Die Autorin
Ulli Langenbrinck studierte Hispanistik und Politische Wissenschaften; seit 1985 ist sie als freie Autorin, Journalistin und Filmemacherin tätig. Seit ihrer ersten Kuba-Reise 1976 beschäftigt sie sich intensiv mit dem Land, das sie über einen längeren Zeitraum hinweg mehrmals besuchte.

Bildnachweis
Alle Bilder des Innenteils und des Umschlags stammen von Pascal Violo, Güssing, außer:
Karl-Heinz Raach, Sölden: S. 36 o.;
Mauritius images, Mittenwald: S. 91 (Flüeler, U.), 125 u. (ImageBroker), 111 (Pixtal);
Picture Alliance, Frankfurt a.M.: S. 38, 39 o., 39 u. (akg-images), 115 o., 116/117 (CuboImages);
Shutterstock: S. 98 o. (Bach, F.), 89 o. (Benbrook, D.), 104 u.l. (berkovich, h.), 102/103 (Bolyukh, E.), 133 o. (claffra), 94 (duchy), 141 u.l. (estike), 57 (Harris, A.), 104 o. (Jandi, A.), 48 o., 50, 144 (Kamira), 54 o. (KKulikov), 113 o., 141 u.r. (Paassen, R.), 140 o. (Píška, L.), 44/45 (Samsonov, P.), 48 u. (shipfactory), 105 u.r., 141 o. (Smith, P.), 60/61, 90 u., 96 (The Visual Explorer), 104 u., 131, 133 u., 134, 140 u. (Todorovic, A.), 126 o. (Tupungato), 113 u. (Uryadnikov, S.), 119 u.r. (Vilainecrevette), 77 (Wasserfuehrer, F.), 55 o., 76 o., 118 o., 118 u., 119 o. (yykkaa), 55 u., 86/87, 115 u. (Zelenoff, T.),

S. 2/3: Karibischer Traumstrand an der Nordküste in der Provinz Ciego de Ávila.
S. 5: Zigarren sind quer durch alle Altersstufen beliebt in Kuba.
S. 6/7: Feiern können die Kubaner so richtig!
S. 8/9: Die Hausfassaden in Havanna haben einen ganz eigenen Reiz.
S. 158/159: Sonnenuntergänge wie diesen kann man in der Karibik jeden Tag erleben.

Umschlag
Vorne: Blick auf Kapitol und die Straßen von Havanna (Bildagentur Huber, Garmisch-Partenkirchen/ Schmid, R.)
Hinten: Den Kubanern liegt die Musik im Blut!

Die Deutsche Nationalbibliothek verzeichnet diese Publikation in der Deutschen Nationalbibliografie; detaillierte bibliografische Daten sind im Internet über http://dnb.d-nb.de abrufbar.

ISBN 978-3-7654-8258-8

In gleicher Reihe erschienen ...

ISBN 978-3-7654-5645-9

ISBN 978-3-7654-5854-5

ISBN 978-3-7654-6052-4

ISBN 978-3-7654-6183-5

ISBN 978-3-7654-6025-8

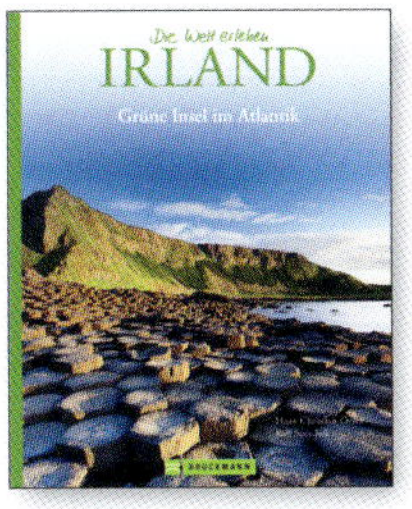

ISBN 978-3-7654-5371-7

ISBN 978-3-7654-6196-5

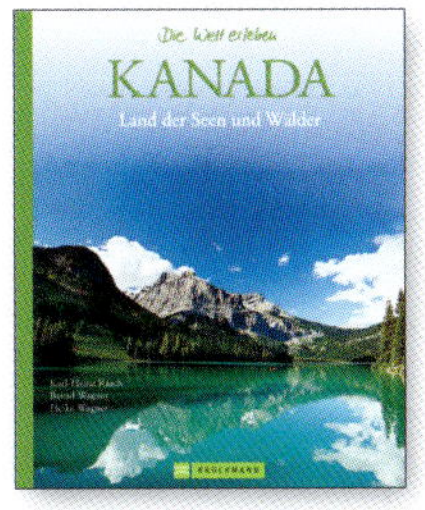

ISBN 978-3-7654-5853-8

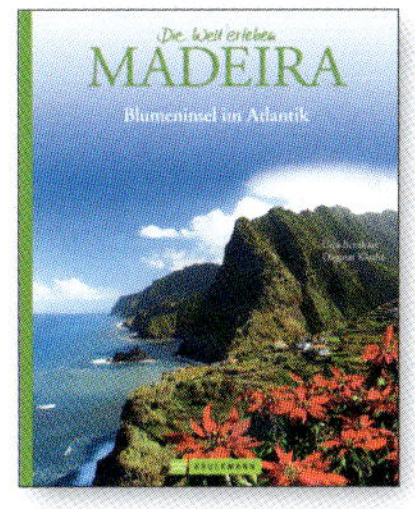

ISBN 978-3-7654-6163-7

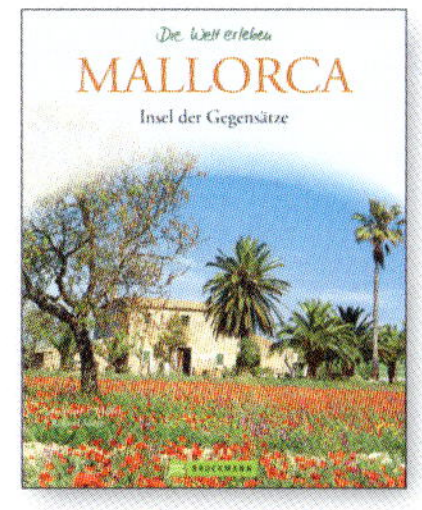

ISBN 978-3-7654-5647-3

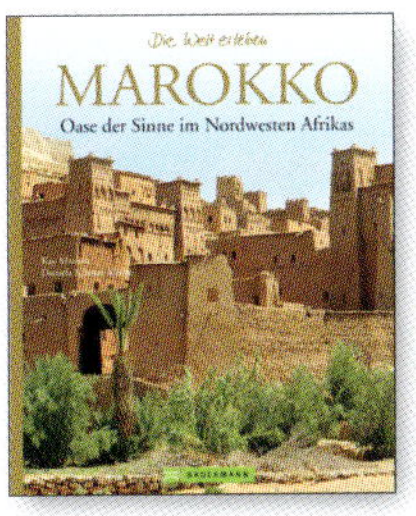

ISBN 978-3-7654-8259-5

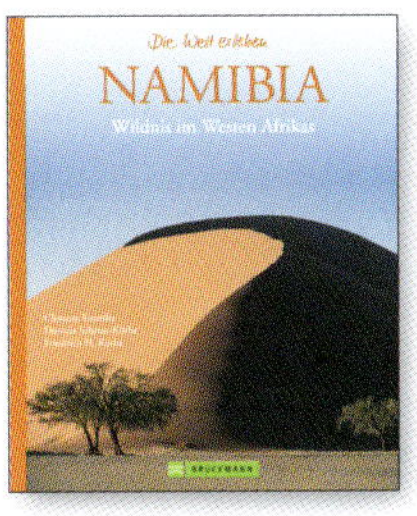

ISBN 978-3-7654-6026-5

ISBN 978-3-7654-5643-5

ISBN 978-3-7654-5821-7

ISBN 978-3-7654-5535-3

ISBN 978-3-7654-5646-6

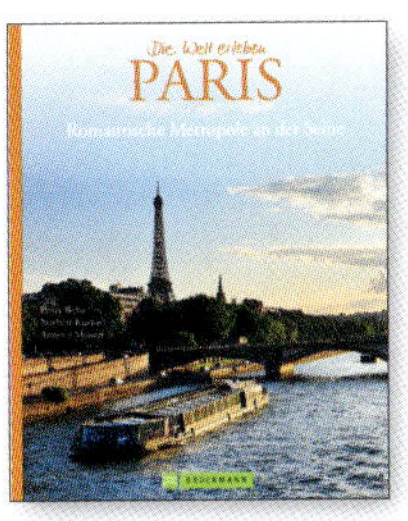

ISBN 978-3-7654-5418-9

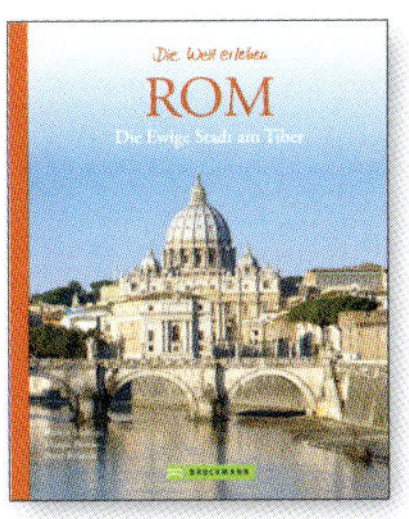

ISBN 978-3-7654-5649-7

ISBN 978-3-7654-5372-4

ISBN 978-3-7654-6189-7

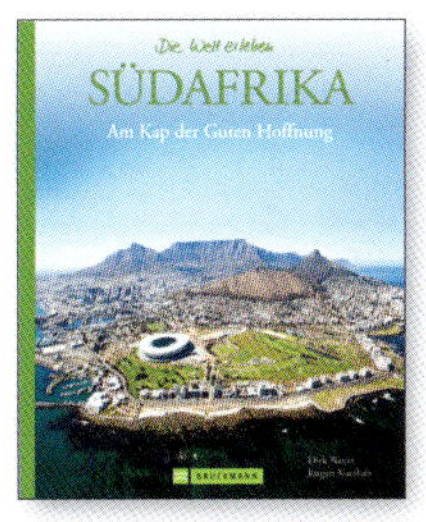

ISBN 978-3-7654-6051-7

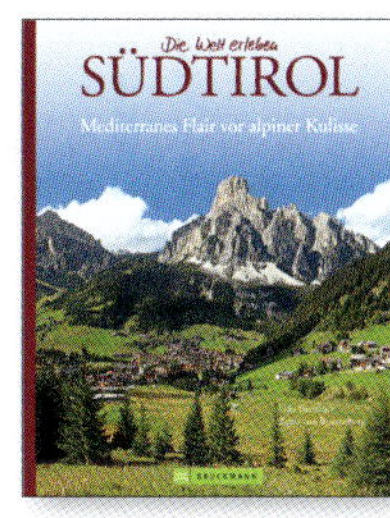

ISBN 978-3-7654-6053-1

ISBN 978-3-7654-5642-8

ISBN 978-3-7654-5856-9

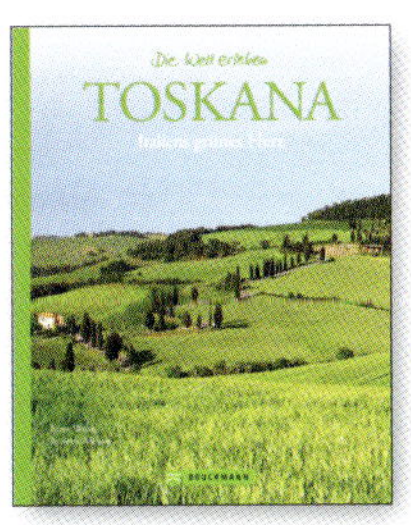

ISBN 978-3-7654-5648-0

ISBN 978-3-7654-6055-5

ISBN 978-3-7654-6786-8

ISBN 978-3-7654-5865-1

BRUCKMANN

www.bruckmann.de